PORFIRIO DÍAZ

por Roberto Mares

Grupo Editorial Tomo, S.A. de C.V.
Nicolás San Juan 1043
03100 México, D.F.

1a. edición, febrero 2003.
2a. edición, junio 2006.

© Grupo Editorial Tomo, S.A. de C.V.
   Porfirio Díaz

© 2006, Grupo Editorial Tomo, S.A. de C.V.
   Nicolás San Juan 1043, Col. Del Valle
   03100 México, D.F.
   Tels. 5575-6615, 5575-8701 y 5575-0186
   Fax. 5575-6695
   http://www.grupotomo.com.mx
   ISBN: 970-666-703-2
   Miembro de la Cámara Nacional
   de la Industria Editorial No 2961

Proyecto: Roberto Mares
Diseño de Portada: Trilce Romero
Formación Tipográfica: Servicios Editoriales Aguirre, S.C.
Supervisor de producción: Leonardo Figueroa

Impreso en México - *Printed in Mexico*

Contenido

Prólogo

Hay personajes a los que uno quisiera analizar con toda objetividad; pero antes de intentar escribir sobre ellos, lo que debiera uno analizar, es precisamente ese deseo de objetividad. Yo creo que no se necesitarían más de 15 minutos de psicoanálisis para descubrir que si uno se plantea la necesidad de ser objetivo, es que tiene la tendencia a no serlo. Es claro que si uno escribe la biografía de Gengis Khan, no se le presentaría ese extraño problema. Seguramente podríamos hablar de ese personaje con fría y objetiva neutralidad; pero no pasaría lo mismo si nos damos a la tarea de investigar a fondo y dar a conocer públicamente la vida de nuestro padre, del director de la escuela primaria donde nos formamos o de la tía Matilde... ¿Realmente podríamos hacer tal cosa con absoluta naturalidad, de manera desprejuiciada y objetiva?

Y tratándose de Porfirio Díaz... ¿Puede un mexicano como yo escribir con auténtica imparcialidad?... ¿Puede un mexicano como tú, lector, abordar sin prejuicios la historia de don Porfirio?

Tal vez hubiera sido preferible encargar esta obra a un autor japonés, el resultado hubiera sido en verdad interesante; pero considerando lo que cobran los autores japoneses, y además el costo y la dificultad de la traducción, creo que no vale la pena pensar siquiera en tal posibilidad y quedarnos con este sincero intento de objetividad histórica.

La lucha se hizo, ahora es el turno tuyo, estimado lector.

Roberto Mares

PRIMERA PARTE

Infancia y juventud

José Faustino Díaz, hijo de Manuel Díaz y de Marcela Bohórquez, quienes eran criollos oaxaqueños, y Petrona Mori, india mixteca de Magdalena Yodocono, procrearon en la ciudad de Oaxaca un niño, a quien bautizaron como José de la Cruz Porfirio. La fecha de su nacimiento fue el 15 de septiembre de 1830, aunque en la fe de bautismo sólo dice que ese día fue bautizado; pero el dato fue afirmado por el propio Porfirio Díaz y celebrado como fiesta nacional durante muchos años en México, y aún se celebra, haciéndosele coincidir con la fecha del inicio del movimiento independentista, que en realidad debería celebrarse el día 16 de septiembre.

Porfirio nace en un antiguo caserón ubicado en la calle de la Soledad, frente a la iglesia del mismo nombre, sitio que el padre había rentado para establecer una posada que se llamó "Mesón de la Soledad", pero allí mismo instaló un taller de herrería y un hospital de veterinaria, pues don José Faustino Díaz era reconocido como un buen veterinario, aunque de formación autodidacta.

En esa casa pasó Porfirio sus primeros años, junto a sus padres y hermanos: Desideria, Manuela, Nicolasa y Félix, el menor de la familia. Otros dos hermanos: Cayetano y Pablo, murieron a temprana edad.

El padre, José Faustino, murió en 1833, como una víctima más de la terrible epidemia de "cólera" que ocurrió ese año. La viuda estuvo administrando el mesón hasta 1837, pero el escaso rendimiento del local la obligaron a traspasarlo e irse a vivir con su familia a un lugar conocido como el "Solar del Toronjo", en el barrio de Los Alzados, en la propia ciudad de Oaxaca.

Petrona trabaja como hilandera, trenzando puntas de reboso para sostener de manera precaria a su numerosa prole, e incluso se las arregla para que los menores puedan asistir a la escuela, primero a instituciones municipales y después al reconocido Seminario Pontificio de la Santa Cruz, donde ingresa Porfirio a la edad de 15 años. Un año después, en 1846, y ante la invasión norteamericana al territorio nacional, Porfirio, junto con un grupo de compañeros, se presenta ante el gobernador de Oaxaca, don Joaquín Guergué para ofrecerle sus servicios en defensa de la patria. El gobernador acepta complacido la oferta de los muchachos y los incorpora al batallón Trujano, que hacía de guarnición de la ciudad; ésa fue la primera experiencia militar de Porfirio Díaz.

Pasado el peligro de invasión y disuelta la guarnición, los estudiantes se reincorporan a sus programas en el seminario, donde Porfirio es encaminado hacia el estudio de la teología por un pariente suyo: el canónigo José Agustín Domínguez, quien llegó a ser obispo de Oaxaca y en aquellos tiempos quería que Porfirio profesara el sacerdocio, con la finalidad de darle, en el futuro, una capellanía bien remunerada.

Pero la necesidad económica de la familia cambia el rumbo de la vida de Porfirio, pues para ganar algún dinero, imparte clases privadas de latín, y uno de sus alumnos era el hijo de un licenciado de nombre Marcos Pérez, indígena mixteco de pura cepa, pero de gran preparación intelectual y tendencia liberal, con quien Porfirio establece una íntima amistad.

El entonces gobernador de Oaxaca, Benito Juárez.

Una noche, después de la clase del hijo, don Marcos lo invita a asistir a una solemne distribución de premios del Instituto Civil del Estado de Oaxaca, y ahí es presentado al gobernador Benito Juárez y a otros altos funcionarios públicos, todos ellos miembros del partido liberal. El contacto con esos destacados personajes, la frescura de sus ideas y la lógica de sus argumentos, sedujeron de inmediato al joven Porfirio, tanto, que a partir de esa experiencia decidió no seguir la carrera eclesiástica y comenzar á desarrollarse en las nuevas corrientes filosóficas en boga, por lo que a pesar de la oposición de su madre y su tutor, en 1850 ingresa al Instituto del Estado, donde comienza sus estudios de Derecho.

Pero las carencias económicas de su familia van en aumento, y Porfirio aprovecha cualquier oportunidad para ganar algún dinero; lo que se le presenta es la adopción del oficio de zapatero, que aprende en forma autodidacta; además, desarrollando su gusto por las armas, se convierte en armero, y más tarde en carpintero, fabricando muebles sencillos que su hermano Félix vendía en el mercado.

A pesar de todo, continúa con sus estudios de manera brillante, tanto, que el licenciado Manuel de Iturribarría, uno de los más prominentes intelectuales de la ciudad, lo nombra profesor adjunto de su cátedra de Derecho Natural. Porfirio avanza rápidamente en sus estudios, siempre con la calificación de "excelente", pero no habría de llegar a convertirse en abogado a causa de los acontecimientos que se reseñarán en el siguiente capítulo.

La rebelión de Ayutla

La influencia que ejercía en Porfirio su maestro Marcos Pérez, quien era opositor declarado del gobierno de Antonio López de Santa Anna, además de las ideas liberales adquiridas en el Instituto, lo impulsaron a afiliarse al movimiento revolucionario que se había iniciado en Ayutla, y que era dirigido por Juan N. Álvarez.

Su primera acción revolucionaria, fue el acudir en auxilio de Marcos Pérez, a quien el gobierno había apresado en el monasterio de Santo Domingo, acusándolo de conspiración. Tal acción no fue propiamente un acto de guerra, pues su intervención consistió en escalar el alto muro del monasterio algunas noches, con ayuda de su hermano Félix, y acercarse lo más posible a Marcos Pérez para informarle del estado del proceso que le seguían las autoridades santanistas.

Después de esta aventura, Porfirio decide enfrentarse de una forma más decidida al dictador, y la ocasión se presenta cuando Santa Anna ordena la celebración de un pleibiscito nacional, que obviamente estaba preparado para darle un triunfo electoral.

El primero de diciembre de 1854, las autoridades oaxaqueñas dispusieron la mesa de votación en el portal del Palacio de Gobierno, presidida por el gobernador en turno, don Manuel Martínez Pinillos, fuertemente protegido por su propia policía, como una coherente medida en previsión de un atentado, pues los ánimos no eran precisamente favorables al manipuleo del plebiscito y a la abierta imposición de Santa Anna.

Porfirio espera pacientemente a que se acerque a votar el representante de su "demarcación", que era el barrio

Antonio López de Santa Anna.

donde residía, siendo que parte del amañado proceso electoral era el voto indirecto por medio de representantes que votaban a nombre de todos los varones de su demarcación.

—¡Que de ese número se quite una unidad! —dice Porfirio hacia la mesa—, porque yo soy vecino de ese barrio y no voto.

—¿Es que acaso tiene miedo de votar? —le interpela el secretario de la mesa, don Francisco Enciso.

De manera atrevida y arrogante, Porfirio toma la pluma, abre el libro de negativa, que por supuesto estaba en blanco, y escribe en la primera página: *Voto por su Excelencia, el general don Juan Álvarez.*

Animado por su propio acto de valor cívico, Pofirio decide pasar a los hechos, y acompañado de otro estudiante rebelde, Esteban Aragón, consiguen armas, roban dos caballos y se dirigen lo más rápido que pueden a Ejutla, y de ahí a la Mixteca, donde se incorporan a una partida de insurrectos comandada por un indígena de nombre Francisco Herrera, nativo de Huajuapan, quien los acoge con simpatía, y aparentemente percibe en el joven citadino cualidades militares, pues decide compartir con él el mando de su tropa, que en realidad no constituía una fuerza importante, pues no eran más de 200 indígenas mal armados, tanto, que su primer acto de guerra no fue un hecho de armas, sino de piedras, pues ellos se parapetaron en lo alto de la cañada de Teotongo, desprendiendo peñascos sobre los infortunados enemigos que cruzaban por el estrecho sendero entre los riscos. Aparentemente, en esa acción se produjo un gran desconcierto, pues tanto atacantes como atacados salieron huyendo en todas direcciones, como dice el propio Porfirio en sus memorias: *Yo no supe si había corrido antes de tiempo, pero recuerdo que toda la gente venía corriendo tras de mí, y mucha adelante, y que cada uno tomó por el rumbo que pudo… más tarde supe que las fuerzas del gobierno se habían dado por derrotadas en esa acción.*

Esta primera acción de guerra, le reveló el desastroso efecto que produce la desorganización en la batalla, y seguramente fue una buena experiencia en su formación como militar estratega.

Habiendo triunfado la Revolución de Ayutla, Porfirio es nombrado jefe político de Ixtlán, donde se dedica a la organización de la llamada "Guardia Nacional", reuniendo y organizando en breve tiempo una fuerza considerable, con la que baja a la capital para reforzar el triunfo liberal en todo el territorio de Oaxaca.

Al cumplir su cometido, el batallón es disuelto por orden de Benito Juárez, quien nombra a Porfirio Díaz capitán de infantería del segundo batallón de la Guardia Nacional, lo que significa la oficialización de su vocación militar.

Benito Juárez.

En defensa del liberalismo

El 5 de febrero de 1857, se promulga la nueva Constitución Política, de corte liberal, y toda la nación se conmueve por su contenido reformador en el terreno social, tanto, que de inmediato el partido conservador la rechaza de manera abierta y decidida, por lo que vuelve a encenderse la flama de la guerra, ahora con mayor vigor. Los antiguos defensores del Estado son ahora los rebeldes, y el gobierno moviliza su Guardia Nacional, en cuyo segundo batallón figura Porfirio Díaz, al mando de la "Compañía de Granaderos", que marcha decidida hacia el encuentro con las fuerzas del coronel rebelde José María Salgado, quien asuela los pueblos de la región.

Finalmente llega la hora del enfrentamiento, en Ixcapa, donde Porfirio entra en la batalla con gran arrojo, pero en los primeros disparos es herido por una bala que lo derriba de su cabalgadura, aunque su herida no es de gravedad y él continúa al frente de su batallón, hasta que logra el triunfo.

Regresando a Oaxaca, y a pesar de que la bala enquistada no había podido extraérsele y le causaba grandes dolores, participa en la defensa de la ciudad, puesta en estado de sitio por el general español José María Cobos, quien recibía órdenes del recién nombrado Presidente Miramón.

Porfirio Díaz es designado a la defensa del fuerte de Santa Catalina, y ahí se enfrenta con el hecho de que su mayor enemigo es la falta de víveres, por lo que se arriesga a incursionar por los pueblos vecinos en busca de comida.

En sus memorias, Porfirio Díaz relata una de esas incursiones, particularmente fallida y trágica, pues de los 25 hombres que participaron en ella, solamente regresaron él mismo, tres soldados y el corneta. *Así fracasó —dice— esta operación que tantas esperanzas nos habían dado de conseguir víveres a las fuerzas sitiadas.*

Pasan los días, y la situación se vuelve insostenible para las fuerzas liberales, acorraladas en el convento de Santo Domingo. Algunos oficiales creen prudente la retirada, pero los mandos jóvenes se oponen a ello, considerándolo una vergonzosa claudicación, proponiendo en cambio, el asalto al Palacio de Gobierno que había sido ocupado por las fuerzas enemigas. Esta operación se llevó a cabo la madrugada del 16 de enero de 1858, siendo Porfirio Díaz el comandante de la tercera columna de asalto. La incursión se realiza con gran riesgo, pero también con sobrada valentía, y finalmente se logra la desocupación del recinto, huyendo el general Cobos con sus tropas con rumbo a Tehuantepec, región en donde se concentraba el grueso de las fuerzas conservadoras. En su persecución, sale una columna al mando del coronel Ignacio Mejía, y entre su contingente, va la Compañía de Granaderos, con Porfirio Díaz a la cabeza.

El general Cobos es combatido en Jalapa del Marqués y en la Hacienda del Garrapatero, que dan por resultado, la derrota del jefe conservador, lo que se podía definir como un triunfo afortunado, pero efímero y parcial, pues aquellos territorios eran afines a los conservadores y los habitantes de la zona se encontraban armados, por lo que se hacía necesaria una acción militar constante en esa región. Para dirigir el proceso de control de la zona, se le ofreció el cargo de comandante general al coronel y licenciado José María Ballesteros, pero él presenta excusas para aceptar el puesto, lo mismo que el teniente coronel Alejandro Espinosa, a quien se ofrece en segundo lugar; entonces, en tercer lugar, se ofrece el mando al capitán Porfirio Díaz, quien, no obstante el riesgo que corría, acepta el cargo de *Gobernador y Coman-*

dante General del Itsmo, y comienza a disponer lo necesario para cumplir con esta difícil misión.

Apenas se retira de Tehuantepec la columna principal, las fuerzas de reserva comienzan a ser hostilizadas, y a pesar de que se conserva la unidad del ejército en medio de repetidas y enconadas escaramuzas, la situación se hace cada vez más difícil, produciéndose acciones de gran riesgo en Los Amates, Jalapa, Tequistán y Juchitán, cuyos precarios triunfos permiten a Porfirio Díaz mantener la autoridad del gobierno liberal, contando con el apoyo del sacerdote Mauricio López, prior del convento de Tehuantepec, quien era un personaje muy importante entre la gente del lugar.

En un ambiente de tensión, toca a Porfirio Díaz el presidir el acto inaugural de los trabajos de construcción de un ferrocarril interoceánico, que realizaría una compañía norteamericana por concesión del Gobierno Federal, lo que ocurrió en el pueblo de Huilotepec el 5 de marzo de 1857. Esta ceremonia fue bendecida por fray Mauricio, y el entonces gobernador Díaz pronuncia un discurso en el que revela su ideología liberal, lo que entonces se consideraba progresista, manifestando su simpatía por las inversiones extranjeras. Por supuesto, la obra no podía prosperar en las condiciones en que se encontraba la región.

Mientras Porfirio se ocupaba de estas peligrosas actividades, en la ciudad de Oaxaca su familia se hallaba en una situación amarga, pues la madre, Petrona Mori, sufría de una grave infección intestinal que finalmente le produjo la muerte el 24 de agosto de 1859, a la edad de 68 años. La noticia llegó a Porfirio semanas después, en algún punto de la región donde se luchaba continuamente en contra de los rebeldes; y para colmo, la herida de bala que había recibido en Ixcapa se había reavivado, produciéndole severos dolores y constantes fiebres. Afortunadamente, a fines de 1859, llegó al puerto de La Ventosa un buque de guerra de los Estados Unidos, y el cirujano de a bordo pudo extraer la bala que Porfirio tenía alojada en el costado izquierdo, con lo que comenzó su recuperación definitiva.

En esos tiempos, el general Cobos había logrado ocupar la capital del Estado, y el gobierno liberal tuvo que refugiarse en la sierra de Ixtlán; desde ahí el gobernador, José María Díaz Ordaz ordena al teniente coronel Díaz, que avance con sus fuerzas hacia el cuartel general con el fin de cooperar en el operativo de recuperación de la plaza de Oaxaca.

Hacia allá se dirige Porfirio Díaz al mando de su nuevo batallón, que había llamado "Independencia" y en el que había incorporado un contingente de juchitecos, no muy convencidos de la causa, y que a cada momento pretendían insubordinarse. Enterado el general Cobos del avance del batallón de Díaz, envía sobre él un grueso contingente al mando de su hermano Marcelino, quien le da alcance en la hacienda de Xaagá, cerca de Mitla. Dada la superioridad numérica del enemigo, Porfirio es derrotado y tiene que salir huyendo, siendo ésta su primera derrota militar, como expresa en sus memorias.

Mientras tanto, el gobernador Díaz Ordaz decide avanzar con su ejército hacia Oaxaca, y en Santo Domingo del Valle se encuentran ambos ejércitos la madrugada del 25 de enero de 1860, iniciándose un cruento combate en el que finalmente salen derrotadas las fuerzas conservadoras, pero el gobernador Díaz Ordaz recibió una herida de bala que le causó la muerte unos días después, con lo que el gobierno liberal quedó acéfalo. Reorganizándose el ejército, fue nombrado gobernador general el Lic. Marcos Pérez, y el ejército quedó al mando del coronel Cristóbal Salinas, teniendo como subjefe al teniente coronel Porfirio Díaz; ambos deciden sitiar la plaza de Oaxaca y recuperarla a sangre y fuego.

Comienza el sitio el primero de febrero de 1860, y se prolonga hasta el 11 de mayo sin progreso alguno, por lo que se decide levantarlo para evitar mayores daños a los habitantes de la ciudad que durante esos 100 días habían sufrido grandes carencias. Desalentado el ejército liberal, se retira a su base de Ixtlán, maltrecho y desorganizado, mientras que el general Cobos, en buena situación, envía una columna al mando del general Anastasio Trejo, encontrándose con el ejército al mando de Porfirio Díaz en el pueblo de Ixtepeji, donde el teniente coronel triunfa sobre el enemigo, haciéndolo retroceder hacia Oaxaca. A partir de este triunfo, el gobierno liberal decide realizar un nuevo intento por recuperar la plaza de Oaxaca, por lo que reorganiza su desmembrado ejército y se dirige a la capital el 5 de agosto de 1860. Al llegar a la ciudad, se entabla una batalla que resulta favorable a las fuerzas liberales, por lo que logran retomar la plaza en unas cuantas horas. El general Cobos sale huyendo hacia Tehuacán, perseguido de cerca por el teniente coronel Félix Díaz, a pesar de que en la batalla había recibido una herida en la pierna; esta muestra de valentía le vale un ascenso a Coronel en el ejército permanente, que es enviado por Benito Juárez desde Veracruz.

Ejemplar de la Constitución de 1857.

Las campañas nacionales

ibre ya el estado de Oaxaca de las fuerzas conservadoras, Juárez dispone que el gobierno oaxaqueño organice una columna de tropas leales que se incorpore a las fuerzas del general Pedro Ampudia, quien manda una división de fuerzas liberales; y hacia allá salen las tropas, al mando del general Cristóbal Salinas, con Porfirio Díaz como mayor de órdenes. Recorren toda la Mesa Central, ocupando sucesivamente Tepeaca, Pachuca y Cuautitlán, entrando finalmente a la ciudad de México el 4 de enero de 1861.

Días después de la toma de México, Porfirio Díaz tuvo que regresar a Oaxaca, infectado por el "virus del tifo" que contrajo en la capital de la República, enfermedad de la que se restableció en breve tiempo. Aprovechando esta licencia militar, lanza su candidatura como diputado federal por un distrito de Oaxaca y fácilmente obtiene el triunfo, por lo que se traslada a la ciudad de México para ocupar una curul en el Congreso de la Unión. Pero en esos tiempos, el general Leonardo Márquez, jefe de las fuerzas conservadoras, ataca la garita de Tlaxpana, por lo que Díaz junto con otros diputados militares, pide licencia política para salir a combatir al enemigo, acción que se realiza con éxito. A partir de ahí, Porfirio se verá distraído de su función política a causa de las condiciones bélicas que prevalecen en todo el país. En junio del 61, recibe órdenes de hacerse cargo de la brigada de Oaxaca y ponerse bajo el mando del general Jesús González Ortega, saliendo de inmediato a perseguir a Márquez, quien se había internado en el territorio del Estado de México. Es ésta la primera vez que Díaz asume el mando completo de una operación militar, y en ello pone en juego su natural talento de estratega. Avanzando con rapidez, Porfirio alcanza a las fuerzas de Márquez y las ataca por sorpresa, obteniendo una fácil victoria, capturando toda la artillería enemiga y haciendo más de 700 prisioneros. El general Ortega queda sorprendido, y hasta un poco incrédulo de este triunfo tan contundente, por lo que Díaz lo lleva al propio escenario de la batalla y le pide su anuencia para perseguir al enemigo, pero el general considera prudente el arriesgarse a una posible emboscada y prefiere encaminarse hacia Pachuca, donde Díaz colabora con éxito en la toma de la plaza, consolidando así el triunfo del gobierno liberal en la zona. Por esta campaña, Porfirio recibe una alta condecoración del gobierno de Oaxaca.

La intervención francesa

Habiendo triunfado el gobierno liberal en la guerra de Reforma, los conservadores recurren a medios poco patrióticos para apoyar lo que ellos consideran la paz y el progreso de México, promoviendo la intervención extranjera, y haciendo eco a las intenciones imperialistas de Napoleón Tercero.

Al conocer el gobierno de Juárez los resultados de la convención tripartita contra México, firmada en Londres el 31 de octubre de 1861, se comienza a organizar un cuerpo de ejército de diez mil hombres, que se pone bajo las órdenes del general José López Uranga, y del que forma parte el ahora general Porfirio Díaz. Estas fuerzas salen de Oaxaca a fines de noviembre con rumbo a Orizaba, en previsión de un desembarco en Veracruz. El gobierno central confía el mando del ejército defensivo al general Ignacio Zaragoza, quien de inmediato ordena que la brigada del general Díaz se sitúe en la cañada de Ixtapa, para marchar después a la vanguardia del ejército y ocupar en valle de Escamela, cerca de Córdoba.

Toca en suerte a la brigada oaxaqueña el librar la primera batalla contra las tropas francesas del general Lorencez; siendo una pequeña columna de unos 200 suavos a caballo, fue a chocar en Fortín con la avanzada del general Díaz, produciéndose una sangrienta escaramuza en la que quedó herido el coronel Félix Díaz, hermano de Porfirio, quien fue hecho prisionero por el enemigo; aunque horas después es liberado, por influencias del general español Milans del Bosh, jefe del estado mayor del general Prim, que casualmente pasaba por el lugar al mando de una escolta de la condesa de Reus.

Mientras tanto, el general Díaz mueve sus tropas en auxilio de la vanguardia derrotada, y manda aviso de lo ocurrido al general Zaragoza, quien le ordena que marche a Acuitzingo y cubra con su brigada el Puente Colorado, a donde llega en los momentos en que el grueso del ejército mexicano comienza a retirarse en desbandada al ser sorprendido en las cumbres por las tropas francesas. El general Díaz logra detener a una cierta cantidad de soldados en retirada y hace frente al enemigo hasta las 10 de la noche, en que, por orden del general en jefe se retira hacia la cañada de Ixtapa, dejando sus posiciones cubiertas con la caballería.

Comprendiendo el general Zaragoza que el objetivo principal del enemigo es la ciudad de Puebla, ordena que todo el ejército se concentre en esa plaza y se tomen las medidas pertinentes para su defensa, concentrando la artillería en los fuertes de Guadalupe y Loreto, distribuyendo las tropas en sitios estratégicos. La tercera brigada, al mando del general Díaz, es colocada en la ladrillería de Azcárate, situada al pie de los fuertes; el ala derecha de esta posición es cubierta por el regimiento de lanceros, que manda el ahora teniente coronel Félix Díaz.

El combate se inicia en las primeras horas del 5 de mayo, y en los tres intentos que hacen los franceses de escalar los muros de los fuertes son rechazados, por lo que, como último recurso, Lorencez mueve una columna de reserva sobre las posiciones que defienden las tropas oaxaqueñas que resisten valerosamente el embate de los invasores, cuyos jefes, al darse cuenta de las bajas que sufren de manos de los mexicanos, ordenan una prudente retirada. Aprovechando esta circunstancia, el general Díaz ordena a su hermano Félix que con su caballería cargue a sable contra los fugitivos, pero la infantería francesa se reorganiza y hace frente a los jinetes oaxaqueños.

Dice Porfirio Díaz en sus memorias: *Cuando había avanzado en persecución del enemigo más allá del alcance de Guadalupe, recibí una orden del general en jefe que me prevenía suspendiera la persecución. Contesté negativamente y que yo explicaría mi conducta. En seguida se me presentó el jefe del Estado Mayor, coronel Joaquín Colombres, intimándome que no insistiera en dicha persecución, y que de no obedecer esa orden, tendría que explicar mi conducta no al general en jefe, sino a un Consejo de Guerra. Y como ya entonces me entendía con un oficial facultativo, le manifesté que el enemigo, ya reorganizado, marchaba en retroceso, y que si yo suspendía mi simulacro de avance, no solamente él también suspendería su marcha de retirada, sino que avanzaría sobre mí... El coronel Colombres estimó justas mis observaciones, y me dijo que aunque eran otras las órdenes que traía del general en jefe, siguiera yo ejecutando mi propósito, y que él le explicaría mi conducta. El general Zaragoza aprobó todo lo que yo había ejecutado esa tarde.*

El sitio de Puebla

Después del inesperado triunfo del 5 de mayo en Puebla, la brigada de Oaxaca, comandada por el general Díaz, se sitúa nuevamente en la cañada de Ixtapa, y después en San Andrés Chalchicomula, en espera de la División de Zacatecas, la que es sorprendida y derrotada por los franceses en el Cerro de Borrego, por lo que el general Díaz se mueve con su brigada hacia Tecamachalco y El Ingenio, cerca de Orizaba, con órdenes de atacar "pero sin llegar a chocar" con las fuerzas enemigas que marchan hacia sus nuevas posiciones.

Durante varios meses el general Porfirio Díaz permanece inactivo, hasta que en los primeros días de julio recibe orden de marchar a Jalapa y unir sus fuerzas con la división de Veracruz, comandada por Ignacio de la Llave, y por último vuelve a la ciudad de Puebla, que estaba siendo fortificada para resistir al ejército invasor. En esas circunstancias muere repentinamente el general Zaragoza, y el Presidente Juárez encomienda la jefatura del ejército mexicano de Oriente al general Jesús González Ortega, quien era un intelectual, pero no propiamente militar de oficio, por lo que no considera la opinión de los generales en el sentido de atacar en campo raso al enemigo, cuando éste apenas se agrupaba para iniciar el sitio de la ciudad de Puebla. Desaprovechada esta oportunidad, los generales, haciendo a un lado sus opiniones particulares, se disponen a defender la plaza.

El 1o. de abril de 1863, Porfirio Díaz recibe la orden de mover su brigada para ir a ocupar los barrios situados de Sur a Norte, desde el Hospicio hasta la Merced. Cuando comenzaba a realizar esta operación, el enemigo se apodera del Hospicio, por lo que rápidamente el general Díaz se atrinchera en San Agustín, dispuesto a defender a toda costa ésta y las demás posiciones que se le habían encargado. Las escaramuzas defensivas se produjeron con gran crudeza y duraron 72 días, mismos en los que la ciudad fue defendida con heroísmo; pero al ser derrotado el ejército del centro que comandaba el general Comonfort, que era la única esperanza de los sitiados, el general González Ortega se vio obligado a capitular el 17 de mayo, constituyéndose con todos sus jefes y oficiales, en prisioneros del ejército francés.

El general Forey, jefe del ejército expedicionario, redacta un documento para los prisioneros, en el que se les otorga la libertad a cambio, bajo palabra de honor, de que permanezcan neutrales hasta el final de la guerra; pero los generales mexicanos, incluyendo a Porfirio Díaz, elaboran la siguiente respuesta:

Los generales mexicanos que suscriben, pertenecientes al ejército mexicano de Oriente, no firman el documento que se les ha remitido a la mañana de hoy (18 de marzo de 1863) del cuartel general del ejército francés, tanto porque las leyes de su país les prohíben contraer compromiso alguno que menoscabe la dignidad del honor militar, como porque se los prohíben sus convicciones y opiniones particulares.

Como consecuencia de esta patriótica negativa, Forey ordena que se envíe a Francia, en calidad de prisioneros, a todos los jefes mexicanos. Sin embargo, Porfirio Díaz se hace el propósito de que tal destino no se cumpla, y decide buscar la manera de evadirse en la primera oportunidad que se presente, la que llega el 21 de mayo, en la que aprovecha la nutrida presencia de familiares y amigos que acuden a despedir a los desterrados, disfrazado simplemente con un sarape, sale tranquilamente del recinto y se pierde en las calles de Puebla sin ser advertido por los guardias; se une con el general Berriozábal, también evadido, con quien emprende el camino hacia la ciudad de México.

La línea de Oriente

nte el inminente avance del ejército invasor, el gobierno central decide abandonar la capital, pero antes, el Presidente Juárez reorganiza su gabinete y ofrece a Porfirio Díaz el cargo de Secretario de Guerra, nombramiento que él rechaza cortésmente, aduciendo que otros militares más viejos y de mayor experiencia en el gobierno podrían sentirse desplazados injustamente. Juárez considera válido el razonamiento, confiando a Porfirio el mando de un hipotético "Ejército del Centro", cuyo nombramiento sólo retiene por algunos meses, hasta que puede llegar a San Luis Potosí, donde el gobierno ha fijado la sede provisional de los poderes del Estado. Ya debidamente instalado, el Presidente Juárez dispone que Porfirio Díaz marche con una división del ejército regular hacia Oaxaca, y establezca ahí su cuartel general como base para la formación del cuerpo de lo que sería el "Ejército de Oriente", con jurisdicción en prácticamente toda la parte Sur del país, con lo que le es otorgado a Porfirio Díaz el grado de General de División. En estas circunstancias, Porfirio Díaz se convierte en un factor determinante en la guerra que va a iniciarse en el Oriente, Sur y Sudoeste del país.

En esos momentos, el ejército francés había ocupado ya la ciudad de México, instalándose como gobierno provisional la llamada "Junta de Notables", en espera del arribo del futuro gobernante imperial: Maximiliano de Absburgo, y su esposa, Carlota Amalia de Bélgica.

Maximiliano de Habsburgo.

Mientras tanto, tras una larga y penosa peregrinación por todo el centro del país, Porfirio Díaz llega a Huajuapan, estableciendo ahí la sede de su división, al mando del general Rafael Benavides, y se dirige con sólo una escolta personal a la ciudad de Oaxaca, a donde llega de improviso en los últimos días de noviembre de 1893, ante el desconcierto del gobernador, Lic. Ramón Cajiga, quien, por mantener la paz en su ciudad, había concertado una tregua no escrita con los franceses estacionados en Tehuacán; por esta razón se resiste a entregar el poder al general Díaz, pero ante las amplias facultades de que viene investido, Cajiga no tiene más remedio que renunciar al cargo ante la Legislatura, misma que después de ese acto queda disuelta, y dejar en manos del jefe de la Línea de Oriente el manejo de la situación política y militar del estado.

De esta manera, Porfirio Díaz se convierte en el gobernador incuestionable del Estado, en cuyo puesto sólo permanece 72 días, debido a los múltiples intereses que tiene que atender, pues el apremio de la operación militar a lo largo del territorio le impide realizar su función política, por lo que delega la dirigencia a favor del general José María Ballesteros, uno de sus más fieles colaboradores.

Al liberarse de la pesada responsabilidad del cargo político, Díaz se dedica por entero a la reorganización de su ejército, compuesto por tres brigadas y una sección de artillería, lo que resulta pobre en términos militares, aunque su dotación de artillería era de buena magnitud, y la brigada "Lanceros de Oaxaca", comandados por su hermano Félix, era una unidad altamente eficiente. Lo que más preocupaba al general Díaz, era la manera de combatir al ejército invasor, mismo que ya se dirigía a marchas forzadas hacia Oaxaca; su objetivo era sorprender al enemigo y atacarlo antes de que penetrara en lo profundo del estado, pero la idea fue desechada por la junta de generales, por considerarla demasiado arriesgada.

Sin embargo, luego que tuvo conocimiento del avance del ejército enemigo por territorio oaxaqueño, una de cuyas columnas penetró por Huajuapan de León, al mando del general Brincourt, y otra por Teotitlán del Camino, jefaturada por el coronel Giraud, Porfirio decide atacar a esta última, pero al llegar a San Antonio, sorprende a una columna del ejército francés a la que bate bruscamente y logra que se repliegue, dejando en el campo parte de su armamento y una gran cantidad de víveres, sobre los cuales se avalanzan los soldados mexicanos sin cuidarse del enemigo que, repuesto de la sorpresa, avanza debidamente reforzado, cargando sobre los republicanos que rápidamente huyen en desbandada, por lo que Porfirio Díaz retrocede hasta el pueblo de Tecomovaca, donde encuentra la columna del general Espinosa y Gorostiza. Esta derrota causa profundo desconcierto entre los defensores de Oaxaca, y a partir de ahí comienzan las deserciones, no sólo de soldados, sino también de mandos militares, entre otros, del general Mariano Escobedo.

Días después, las columnas francesas de la Mixteca se unen en La Carbonera, y ahí trata de contener su avance la caballería del coronel Ladislao Cacho, pero la enorme superioridad del enemigo lo obliga a retroceder hacia Oaxaca. En esas circunstancias, el general Porfirio Díaz ordena a su hermano Félix, que con los lanceros a su mando, contenga el avance de una de las columnas francesas que se acercan peligrosamente a la capital; Félix logra hacerlas retroceder por más de tres leguas, pero el avance continúa por varios frentes, por lo que Díaz ordena a Jerónimo Treviño y a Félix Díaz que, con la caballería a sus órdenes, intercepten el paso del mariscal Bezaine, pero tal cosa no llega a realizarse, porque el coronel Treviño "defecciona" frente al enemigo, yéndose con sus tropas hacia Puebla.

Contrariado ante éste y los anteriores fracasos, el general Porfirio Díaz se dispone a resistir al enemigo dentro de la plaza de Oaxaca, procediendo desde luego, a hacer los preparativos para un largo sitio, mientras el mariscal Bezaine estrecha el círculo y pone en acción la artillería pesada traída desde México; sus diez mil hombres ocupan sucesivamente los cerros dominantes y proceden al bombardeo. La noticia de la defección del coronel Treviño causa un gran desaliento, por lo que las deserciones aumentan constantemente.

Ante tal desastroso panorama, y considerando que la defensa de la plaza es ya humanamente imposible, el general Díaz decide rendirse al enemigo.

A las 10 de la noche de 8 de febrero de 1865, sale de la plaza, acompañado solamente de los coroneles Apolonio Angulo y José Ignacio Echegaray, dirigiéndose a la hacienda de Montoya, donde Bezaine tiene su cuartel general. Al llegar a la presencia del mariscal francés, Porfirio le manifiesta que no estando ya en la posibilidad de defender la plaza, la pone a su disposición, y se constituye desde luego en su prisionero. En la madrugada del día siguiente se dan las órdenes para que se entreguen todos los puntos de defensa, y el mariscal Bezaine dispone que se marche hacia la ciudad.

Prisionero de guerra

ubiertos todos los requisitos reclamados por el vencedor, Bezaine dispone que el general Porfirio Díaz y los demás prisioneros sean llevados a la ciudad de Puebla, bajo fuerte escolta de protección. Para tal efecto, ordena que una compañía de suavos al mando del comandante Chapie cubra este servicio, lo que se realiza el 16 de febrero de 1865, yendo los prisioneros entre dos hileras de soldados, fuera de ella, a ambos lados, una segunda hilera de caballería, y a la retaguardia un piquete de húsares montados, al igual que otro a la vanguardia, además de piquetes de soldados que recorren los campos de sembradío para detectar posibles emboscadas.

Finalmente, a fines de febrero, llega la columna con los prisioneros a la ciudad de Puebla, y la multitud se agolpa a su paso. A Porfirio Díaz se le da por prisión el Fuerte de Loreto, posteriormente el Convento de Santa Catarina, y finalmente el Colegio Carolino, desde donde prepara su evasión, misma que realiza con éxito el 20 de septiembre de 1865. Porfirio Díaz deja una carta dirigida a su carcelero, el conde de Thum, en la que justifica su evasión de una manera que, para nosotros, resulta interesante:

Señor General, conde de Thum… presente.
Puebla, septiembre 14 de 1865.
Muy señor mío: El teniente Schizmandia, que tiene una idea justa de mi carácter, supo asegurarme dándome toda la franqueza

que le fue posible, sin tomarse ni la libertad de exigir mi palabra de honor, que nunca habría comprometido. Con el señor Schizmandia sólo tenía la obligación que tácitamente me impuse, de no comprometer su responsabilidad, generosa y oficiosamente empeñada en mi favor: nada contraje expresamente al aceptar su gracia que tampoco solicité y, sin embargo, nunca he estado más afianzado en mi pasión que durante el goce de aquéllas.

Pero usted no conoce a los mexicanos, sino por apasionados informes; que cree entre ellos no hay sino hombres sin honor y sin corazón, y que para conservarlos no hay otros medios que la custodia y los muros, me ha puesto en absoluta libertad, sustituyendo con estos eficaces lazos, los muy pesados e indisolubles con que hábilmente el mencionado Schizmandia me había reducido a la más completa inacción.

En Papantla y Tuxtepec, tengo prisioneros del cuerpo que usted dignamente manda y a quienes se da el mejor trato posible. Si usted quiere que arreglemos un canje por otros de los míos que aún quedan presos, mande usted a Papantla un comisionado con sus poderes al efecto, y yo le ofrezco que quedará contento del éxito.

Porfirio Díaz

La lucha por la República

El errante gobierno republicano de don Benito Juárez, tuvo noticia de la evasión del general Porfirio Díaz, y renueva en su favor todas las facultades con las que lo había investido, reasumiendo con ello el cargo de jefe de la Línea de Oriente, lo que en esos momentos era un cargo meramente teórico, dados los nulos recursos de los que dispone.

En su marcha hacia el Sur del país, eludiendo el contacto con las fuerzas imperialistas, finalmente el 21 de septiembre de 1865 llega a las márgenes del río Mixteco, mismo que cruza para dirigirse a la hacienda del coronel republicano Bernardino García; ya en territorio del estado de Guerrero, donde comienza a reunir algunas fuerzas entre los republicanos de la zona, logra algunos éxitos militares en escaramuzas de poca monta.

Más de un año anduvo errante por los pueblos de Guerrero, Puebla y Oaxaca, y aunque todavía sus acciones guerreras eran débiles y de escasa significación, se constituye en un peligro viviente para el gobierno imperial, como lo prueba el haberle puesto precio a su cabeza, pues el conde Thum ofrece hasta mil pesos de recompensa a quien lo entregue vivo o muerto.

Constantemente se reciben noticias acerca de las actividades del guerrillero fantasma, por lo que el gobierno imperialista de Oaxaca decide acabar con él de una vez por todas, y el propio comandante militar del estado marcha al frente de sus tropas hacia la Mixteca, en persecución de Porfirio Díaz, quien huye hacia Chalcatongo ante la imposibilidad de hacer frente a un enemigo tan numeroso y bien pertrechado; en estas condiciones se produce la desbandada casi completa de la guerrilla porfirirsta y la desmoralización se apodera de los pocos soldados que aún le quedan; el propio don Porfirio, para no ser sorprendido, se ve obligado a montar guardia en las noches, y una de ellas, la del 14 de septiembre de 1866, vigilando solo con su clarín de órdenes un punto avanzado entre Chalcatongo y Tlaxiaco, percibe los sonidos de caballos y personas que se acercan.

Permanecí quieto — dice en sus memorias —, hasta que tuve los bultos a la vista, y entonces me adelanté con mi clarín a sorprenderlos, resultando que era un hombre a caballo y un indio a quien éste servía de guía. El de a caballo era un español llamado Eugenio Durán, quien después de convencerse de quién era yo, me entregó unos pequeños pedazos de papel escrito que traía firmados por mi hermano Félix, en que se me avisaba que aprovechando el estado de debilidad en que había quedado la ciudad de Oaxaca con la salida de Oronoz a perseguirme, la amagaba tan de cerca, que pocos días antes había penetrado por las calles de San Juan de Dios hasta la plaza del mercado, poniendo en alarma a toda la población y obligando a la pequeña guarnición a meterse detrás de sus trincheras lo mismo que la policía.

Con esta noticia no me cuidé más de los caminos. Subí violentamente al cuartel general en compañía de Durán, pero antes de llegar mandé tocar diana, y en seguida llamada de honor. Acudieron a mi alojamiento con toda prontitud los jefes y oficiales; les leí los papeles que acababa de recibir; les manifesté que el enemigo abandonaba Tlaxiaco en esos momento, y mandé dar el primer toque de marcha.

A la mañana siguiente, Porfirio Díaz ocupa la plaza de Tlaxiaco que Ornoz acababa de abandonar, consiguiendo ahí de los comerciantes, algunos recursos para abastecer a su gente, y el mismo día se pone en marcha sobre la huella del enemigo hasta el estratégico pueblo de Yanhuitlán, donde pernoctaba un destacamento de cerca de 200 húngaros, quienes, a la vista de la guerrilla republicana se repliegan hasta Nochixtlán, donde se encontraba el general Ornoz; en el camino se le integran las fuerzas de su hermano Félix, por lo que Ornoz prefiere rehuir el combate y se retira hacia Oaxaca.

Esa noche, el jefe republicano sabe que los húngaros han regresado a Yanhuitlán, y decide ir a enfrentarlos. Los alcanza cerca del pueblo, y tras un fiero combate los obliga a refugiarse en un convento, dejando en el campo numerosos heridos y algunos muertos, entre éstos, el propio jefe del escuadrón, el conde de Gants. Después de esta exitosa acción, Díaz vuelve a su campamento de Tecomatlán y manda a su hermano Félix a Oaxaca para que continúe amagando aquella plaza. Estos triunfos, y sobre todo la reestructuración de los elementos del ejército de Oriente, le permiten volver en condiciones de competencia a las lides militares.

La nueva situación de la guerra

A pesar del reagrupamiento de sus fuerzas, Porfirio Díaz procuraba evadir el enfrentamiento directo con el ejército de Oronoz, debido a que la superioridad numérica de aquél, su disciplina y buenas condiciones físicas de los soldados, hacían muy desigual la fuerza de unos y otros. Pero el 3 de octubre de 1866, las tropas de Díaz fueron alcanzadas en unas lomas llamadas de los Morales, a un kilómetro de la ciudad de Miahuatlán, así que no queda más remedio que enfrentarlas, por lo que rápidamente Porfirio Díaz elabora una estrategia para lo que sería la famosa batalla de Miahuatlán.

Teniendo en cuenta —dice en sus memorias— *la desigualdad de nuestros elementos, pues yo apenas contaba con cosa de 700 hombres mal armados, desnudos, sin disciplina y con parque que no alcanzaba para sostener el fuego ni por 15 minutos y, además, sin artillería; mientras que el enemigo tenía 1,400 hombres bien organizados, disciplinados, vestidos, armados y con elementos de todo género, considero la victoria de Miahuatlán como la batalla más estratégica de las que sostuve durante la guerra de Intervención, y la más fructuosa en resultados, pues ella me abrió las puertas de la ciudad de Oaxaca, Puebla y México.*

En efecto, el coronel Félix Díaz había ocupado ya la mayor parte de la plaza de Oaxaca, teniendo reducido al enemigo a los conventos de Santo Domingo, el Carmen Alto, la Sangre de Cristo, Santa Catarina y el cerro de la Soledad; en tales condiciones llega Porfirio Díaz con el grueso de su ejército, que establece su cuartel general en la Hacienda de Aguilera, y procede a perfeccionar las operaciones del sitio. Encontrándose en este proceso, sus espías le informan que una columna enemiga, de 1,300 hombres de las tres armas, en su mayor parte integrada por austriacos y franceses, viene en auxilio de los sitiados en Oaxaca. Seguro Díaz de que los sitiados no tienen noticia de los refuerzos que vienen en su ayuda, levanta el sitio la noche de 16 de octubre, y conduce a su gente hacia la zona de la sierra, hasta situarse en una meseta llamada "La Carbonera", a donde llega prácticamente al mismo tiempo que el ejército enemigo; sin embargo, el general Díaz logra dar adecuada colocación a sus diversas columnas, mandadas respectivamente por los generales Luis Pérez Figueroa y Vicente Ramos, quienes, desde su privilegiada posición, logran batir al enemigo, cuyo grueso de soldados se dan a la huida, abandonando en el campo cañones, víveres y municiones, quedando prisioneros casi todos los elementos de la infantería, que eran más de 700 hombres, entre los cuales se hallaban algunos oficiales.

Esta nueva victoria facilita al general Díaz la total ocupación de la plaza de Oaxaca, lo que fue un triunfo particularmente significativo en el proceso de la guerra de Intervención.

Regularizada la situación militar y política de la capital del estado, el general Porfirio Díaz se ocupa de la pacificación de Tehuantepec, donde sorprende al enemigo el 19 de diciembre en un lugar llamado "Lachitova", y tras un rudo combate lo vence por completo, entrando al día siguiente en la cabecera de la villa sin mayores contratiempos. Posteriormente hace otras expediciones por Tequisquitán y Jalapa del Marqués, hasta que es urgido de regresar a Oaxaca, aunque deja en el Itsmo un fuerte destacamento para que continúe la campaña contra los contingentes enemigos que se han refugiado en las montañas.

Entre tanto, en la capital de la República, el gobierno imperial se bambolea, pues Napoleón III se encuentra decidido a retirar sus tropas de México, ante la amenaza de un rompimiento de relaciones que le ha hecho notar el gobierno de los Estados Unidos, definiendo su posición como defensor del gobierno de Juárez. En estas condiciones, el mariscal Bezaine, jefe del cuerpo expedicionario, vuelve los ojos hacia el general Porfirio Díaz, siendo éste el militar republicano que tiene más a la mano, y que es quien más se ha destacado en los últimos tiempos, con objeto de hacerle algunas tentadoras proposiciones.

Por conducto de Carlos Thiers, un francés que milita en el Ejército de Oriente, le ofrece entregarle todas las ciudades mexicanas que retienen los franceses, así como a Maximiliano, Márquez, Miramón y demás sostenedores del Imperio, a cambio de que el caudillo oaxaqueño desconozca a Juárez y se haga cargo de la situación política del país, de manera que Francia pueda tratar con otro gobierno antes de retirar sus fuerzas de México.

También Maximiliano pretendió tentar a Porfirio Díaz en los mismos términos, con tal de que le permitiera una honrosa retirada y la seguridad de regresar a Francia sano y salvo. Pero ambas propuestas recibieron la negativa del general Díaz, quien, en vez de ello, continuó con su tarea de batir al enemigo en todos los frentes del Sur, hasta llegar a las inmediaciones de Puebla el 9 de marzo de 1867; ocupa sin resistencia el estratégico cerro de San Juan, donde instala su cuartel general para organizar las operaciones del cerco militar a la ciudad, mismo que resultaría particularmente difícil y cruento. El 30 de marzo, Díaz recibe un parte del general Leyva, en el que le informa que el general imperialista Leonardo Márquez había organizado una columna de 4,000 hombres con la que había salido de México, y se encaminaba a los llanos de Apam, lo que indicaba que su objetivo era reforzar la ciudad de Puebla. Ante esta grave amenaza, el general Díaz decide asaltar la plaza, no obstante los riesgos o fracasos que esto pudiera acarrearle. El asalto se inicia a las 2 horas con 45 minutos de la madrugada del 2 de abril de 1867, resultando exitosa, debido a la precisión en el cumplimiento de la estrategia planeada por el Estado Mayor del general Díaz. El efecto moral que causa esta victoria, es determinante para el triunfo final de la causa republicana.

La redada de imperialistas hecha en ese audaz asalto fue abundante y selecta, y dada la fama de implacable que tenía el general vencedor, la fusilata de todos los vencidos era cosa que nadie dudaba; sin embargo, el general Díaz cambia radicalmente su actitud y emite el siguiente despacho:

En uso de las facultades de que me hallo investido por el Presidente de la República, he tenido a bien disponer que los prisioneros hechos por el Ejército de Oriente en las batallas de Miahuatlán y la Carbonera, en la ocupación de la ciudad de Oaxaca, en el asalto a esta plaza y en la rendición de los fuertes de Guadalupe y Loreto, quedan en libertad en el país o en el lugar que elijan, permaneciendo por ahora bajo la vigilancia de la autoridad local y a disposición del Supremo Gobierno.

Independencia y Reforma. Zaragoza, abril 4 de 1867.

Porfirio Díaz

Dos días después de la total ocupación de la Plaza de Puebla, el general Díaz pasa revista a sus tropas, las reorganiza, hace salir a la caballería con dirección a Tlaxcala, y pocas horas después sale él mismo al frente del resto de su ejército, llegando a dicha ciudad el mismo día. Sin detenerse, sigue a marchas forzadas hacia Apizaco, donde se encuentra Leonardo Márquez con sus tropas; pero ya éste había huido con sus fuerzas hacia Huamantla, y tras él va Porfirio Díaz sólo con su caballería, alcanzándolo en la hacienda de Diego

Notario, donde chocan ambas fuerzas y las pérdidas son considerables por ambos bandos, aunque mayores entre los republicanos. Sin embargo, Márquez sigue moviéndose de huida rumbo a la hacienda de Guadalupe, donde Porfirio Díaz intenta detenerlo, sin lograrlo. Finalmente, el general Márquez y sus fuerzas son alcanzadas por el ejército republicano, donde se entabla una fuerte batalla que una vez más hace huir a Márquez, ahora hacia la ciudad de México, para encontrar refugio y reorganizar sus tropas.

El gran sitio de México lo inicia Porfirio Díaz el 13 de abril de 1867, aunque sus tropas eran escasas para completar el cerco, sobre todo cuando la caballería del general Guadarrama tiene que regresar a Querétaro para auxiliar al general Escobedo. Los acontecimientos se precipitan, y en todos los frentes los imperialistas van perdiendo sus anteriores ventajas, por lo que la guerra parece decidida a favor de los republicanos, y en esas condiciones los altos mandos imperialistas se juegan el cuestionable honor de entregar la plaza de la ciudad de México en beneficio propio y a costa de sus compañeros. Incluso, el ministro de guerra del imperio, don Nicolás de la Portilla, trató de negociar una fusión entre los ejércitos de Márquez y de Díaz, bajo la base de que, unidos ambos, y reconociéndose mutuamente los empleos que tenían los jefes de cada fuerza, procedieran a un acuerdo para establecer un nuevo orden de cosas que ni fuera el imperio de Maximiliano, ni el gobierno constitucional de Juárez.

Por supuesto —refiere Porfirio Díaz— *que deseché esas extravagantes proposiciones..., y contesté que sólo admitiría la rendición a discreción.* Y precisamente cuando Maximiliano caía en poder del general Mariano Escobedo, Porfirio movía su pensamiento hacia Oaxaca, donde ese mismo día (15 de mayo) se efectuaría su boda civil, por poder, con doña Delfina Ortega, hija de su hermana Manuela y del doctor Manuel Ortega Reyes.

Finalmente, la ciudad de México fue entregada el 20 de junio, y el día 21 entraba triunfalmente en ella el Ejército de Oriente, con Porfirio Díaz a la cabeza. Así se realizó —dice en sus memorias—, *sin derramamiento de sangre, la ocupación de la plaza de México, quedando prisioneros todos los jefes y oficiales que la defendían.*

El 15 de julio hizo su entrada el Presidente Juárez, y la capital le fue entregada con honores y se izó la bandera del México republicano en el Palacio Nacional.

Restablecido el gobierno constitucional y terminándose con ello la sangrienta tragedia que por más de 10 años había envuelto al país entero, Porfirio Díaz decide entregar el mando del Ejército de Oriente, presentando una nota que reproducimos a continuación:

Ejército Mexicano, línea de Oriente. Sección de Hacienda

C. Ministro: Al dimitir hoy nuevamente el cargo de general en jefe del Ejército y Línea de Oriente, juntamente con las altas facultades con que el supremo gobierno me había investido, tengo el honor de manifestar a usted que queda a su disposición en la Comisaría General del Ejército, la cantidad de ciento cuatro mil pesos; en la Administración de Rentas del Distrito Federal, tres mil quinientos diez y seis pesos quince centavos; y en la Oficina de Contribuciones, ocho mil ciento ochenta y cuatro pesos con diez y nueve centavos; no haciendo mención de las rentas de correos, papel sellado y trenes nacionales, por ser de poca consideración hasta ahora los rendimientos de las dos primeras y ningunos los de la última.

Libertad y Reforma. México, julio 13 de 1867.

Porfirio Díaz

Según el profesor Quevedo y Zubieta: ... *El nombre de Porfirio Díaz resonó desde entonces por el país como el de un*

50

militar raro que rendía cuentas detalladas del ingreso y egreso, abría las cajas del Poder Civil, y le entregaba más de lo que esperaba. Lo más sorprendente, es que este militar se quedaba pobre, mal pagado por el gobierno, mismo a quien salvaba de la inopia.

El propio Porfirio Díaz relata una anécdota referente a lo mismo: En los primeros días de julio (1857), debía llegar a la capital el Presidente Juárez, y con objeto de recibirlo hasta donde me era permitido separarme del centro de mi línea de operaciones, fui más allá de Tlalnepantla. Momentos después de haber llegado a aquella ciudad y cuando nos llamaba a almorzar el Lic. don José M. Aguilar de la Barrera, que era el jefe político de ese distrito, me llamó el Presidente, que a la sazón platicaba en voz baja con sus secretarios de Estado, y delante de ellos me manifestó que hacía algunos días que estaba sin haberes la escolta que lo acompañaba, compuesta de un regimiento, dos batallones y media batería, y me preguntó si tendría yo fondos con qué cubrir esa ingente necesidad. Contesté al Presidente que sí los tenía, y que podía ordenar a sus respectivos pagadores que al volver yo a la capital vinieran conmigo para llevar el haber que esos cuerpos habían dejado de percibir, y además el que le correspondiera hasta el final de la quincena corriente.

Animado el señor Juárez con esta respuesta, me manifestó que tampoco el personal de las distintas secretarías de Estado habían recibido sueldo hacía muchos días, y me preguntó si podía ministrar algunos fondos con ese objeto. Le contesté que tenía fondos suficientes para cubrir esos sueldos y que entregaría la cantidad que me ordenara. Entonces me mandó diera 10 mil pesos con cargo a ese ramo, y ordené a su habilitado que también viniera a la capital para recibirlos.

Con esta manifestación de honradez, termina la etapa militar, propiamente dicha, de Porfirio Díaz.

La Revolución de la Noria

Triunfante el gobierno republicano, con la total derrota del imperio de Maximiliano de Habsburgo y reinstalado en la capital de la República don Benito Juárez, se originó entre éste y el general Porfirio Díaz un grave distanciamiento, al que se atribuyen varias causas. Porfirio se quejaba de que al comunicar al gobierno de Juárez, establecido en San Luis Potosí, el asalto y la toma de la plaza de Puebla el 2 de abril de 1867, se le había dado una fría respuesta por el ministro de la guerra: *El Señor Presidente se ha enterado de que ha tomado usted Puebla... mensaje escueto y desairado que no correspondía a lo decisivo de esta gran batalla para la causa republicana. Porfirio aducía que el parte de este triunfo lo había acompañado de una carta particular a don Benito, pidiéndole alguna distinción para los que habían tomado parte en el combate, y esta carta había quedado sin respuesta.*

Por su parte Juárez, al parecer, estaba resentido con don Porfirio por haber éste respondido de un modo muy vago a la pregunta que se le hizo sobre su personal criterio acerca de las pretensiones, perfectamente legales, del general González Ortega para que se le entregara la presidencia de la República cuando se terminó el periodo oficial de don Benito; además de no haber obedecido ciertas órdenes que se le habían transmitido al ocupar la plaza de México, entre otras, la de que no designara gobernador del Distrito Federal a don Juan José Baz y la de encarcelar a Mr. Dano, ministro del imperio y cercano a Maximiliano, así como poner a disposición del Gobierno de la República, el Archivo de la Legación, órdenes estas últimas que Porfirio Díaz se negó a ejecutar, por considerarlas impolíticas y perjudiciales para el propio gobierno republicano.

Éstos y otros resentimientos y suspicacias, vinieron a confirmarse al arribar el Presidente a México. Porfirio Díaz fue a esperarlo hasta más allá de Tlalnepantla, y don Benito lo recibió con aire adusto, según refirió después el propio general. Ninguna frase amable, ninguna expresión afectuosa para quien había facilitado el triunfo de la causa republicana.

Como es natural, este distanciamiento se hizo público, y los políticos que rodeaban a Díaz ahondaron más ese lamentable abismo, al grado, de que al día siguiente de un banquete que ellos mismos habían organizado y que dijeron, era ofrecido por Porfirio Díaz a Benito Juárez, el primero desautorizó tanto las invitaciones como el brindis que se había dicho en su nombre, con el consiguiente disgusto del Presidente Juárez. Aunque las relaciones entre ambos estaban tensas, por el momento no pasaron a mayores.

Entre tanto, se reorganizó el Ejército Nacional, y al general Díaz le tocó jefaturar la Segunda División del mismo, estableciendo su cuartel general en la ciudad de Tehuacán, y con esta lejanía se calmaron los ánimos, que se habían exacerbado por las acciones imprudentes de los políticos de la capital. Pero aparentemente no estaba en el ánimo de Juárez el permitir que el general Díaz acumulara fuerzas, y por ende poder, ya que por su autoridad y sin consulta al propio general, movilizó batallones enteros de la guarnición de Tehuacán hacia otras zonas del país, desconociendo en la práctica al autoridad del general Díaz.

La situación se complicó al celebrarse las elecciones nacionales y también las del estado de Oaxaca, con la finalidad de restablecer el orden constitucional. En las elecciones nacionales contendió el propio Porfirio Díaz, siendo vencido en las urnas por don Benito Juárez, aunque fue significativa la votación a favor de Porfirio Díaz; pero en las

SRES. GRAL. FELIX DIAZ Y LIC. JOSE LUIS REQUENA, CANDIDATOS
A LA PRESIDENCIA Y VICE-PRESIDENCIA DE LA REPUBLICA
POR QUIENES DEBE UD. VOTAR.

A la izquierda en la fotografía, el General Félix Díaz,
hermano de Porfirio.

elecciones estatales triunfó claramente Félix Díaz, el hermano de Porfirio, con lo que se produjo una gran inquietud en el gobierno central y aumentó la hostilidad de Juárez, la que se manifestó primeramente al no permitir el ingreso a la Cámara de Diputados de un gran número de representantes porfiristas que habían sido electos libremente en diversos círculos electorales del país. Sólo en aquellos casos en los que verdaderamente no fue posible al gobierno nulificar la elección, tuvieron acceso al recinto parlamentario los diputados afines a Porfirio Díaz.

Después de su fallida campaña política presidencial, Porfirio Díaz se dispuso a ejercer el poder en su estado veladamente, aprovechando la gubernatura de su hermano, siendo uno de sus primeros actos la inauguración de la línea telegráfica entre Oaxaca y Tehuacán. Con este motivo, se cruzaron los primeros mensajes telegráficos entre el Presidente Juárez y Porfirio Díaz, en los que ambos se dedicaron palabras tan afectuosas, que dan la impresión de ironía. Desde Apizaco, Porfirio decía a Juárez:

En este momento me saludan de Oaxaca estrenando su telé-grafo, y no queriendo retardar mi felicitación por este suceso al más querido de los hijos de aquel estado, yo, a mi vez, lo saludo a usted, anunciándole aquella mejora.

La respuesta de don Benito no fue menos cortés y expresiva:

Mi muy querido amigo: uno mi saludo al de Oaxaca por la inauguración del telégrafo que usted ha contribuido a establecer. El Estado debe a usted no solamente los distinguidos servicios que le ha prestado como militar, sino también el empeño que, restablecida la paz, ha tomado por sus mejoras materiales.

Pero Porfirio Díaz comprendía que el gobierno central le seguía siendo hostil, así que sin mucho meditarlo, decide renunciar al mando del ejército en Tehuacán, borrando con ello las sospechas que se tenían en las altas esferas, de que pudiera alzarse con esos elementos militares y con los fondos que tenía a su cuidado.

Habiéndose aceptado su dimisión, el 23 de febrero de 1868 llega a su ciudad natal, estableciéndose en la aledaña hacienda de La Noria que la legislatura oaxaqueña le había regalado por "los meritorios servicios a la patria", concediéndole también el título de *Benemérito del Estado,* dándole el mismo título al Presidente Juárez.

Aparentemente alejado de la política, Porfirio Díaz lleva en La Noria una apacible vida familiar al lado de Delfina, su sobrina y esposa. Ahí le nacieron tres hijos: Porfirio Germán, el 28 de mayo de 1868; Camilo, el 19 de diciembre de 1869, y Luz, el 4 de mayo de 1871.

Durante ese tiempo, Porfirio Díaz estaba dedicado a la administración de la producción de caña de azúcar, el procesamiento de la misma en un trapiche que poseía la misma hacienda, además de la producción avícola y ganadera. Pero su pasividad política era sólo aparente. Diariamente recibía copiosa correspondencia de sus adeptos en varias partes del país, quienes le informaban de la situación política de esos tiempos, particularmente difíciles debido a las lesiones económicas y sociales de la posguerra. En algunas partes del país se vivía en un estado de anarquía, dando lugar al bandidaje, y los levantamientos armados se sucedían por todos lados, muchos de ellos promovidos por oficiales y soldados que habían luchado por la causa liberal y que habían sido licenciados sin compensación alguna, además de los tradicionales enemigos conservadores, que no se resignaban a perder sus cotos de poder. Desde luego, el país se encontraba en plena recesión económica, entre otras causas, por la retirada de capitales extranjeros, siendo el principal el del clero, a quien se había nacionalizado solamente el capital que poseía en inmuebles, pero los bienes muebles no habían pasado al erario público y mucho menos el capital líquido, que era lo que en verdad hubiera apoyado la economía nacional.

El descontento popular engrandecía la imagen del opositor Porfirio Díaz, a quien se consideraba heroico y honesto. Destacados jefes militares y prominentes políticos, antes furibundos juaristas o lerdistas, ahora manifestaban públicamente sus simpatías por el caudillo oaxaqueño.

Ante esta realidad, Juárez, alarmado, trató por todos los medios de alejarlo del país, primeramente ofreciéndole el cargo de ministro de México en Washington, pero don Matías Romero comete una ingenua indiscreción, al manifestarle que aquel ofrecimiento "no tenía la intención de alejarlo del país", y en aquella "explicación" se estimulaba la negativa de Díaz.

Una vez más se agita el ambiente político, en 1869, primero, por la renovación de la Cámara de Diputados, y después, en 1871, por las elecciones presidenciales, que debían efectuarse en julio; por lo que los "clubes" porfiristas se aprestan a la lucha electoral.

A pesar del gran ascendiente de Díaz en las élites políticas y en el pueblo, Juárez vuelve a ganar las elecciones, dando la impresión de imposición y fraude; además de que el triunfo fue muy débil, pues Juárez no obtuvo la mayoría absoluta de sufragios, como lo mandaba la Constitución, por lo que el asunto se dirimió en la Cámara de Diputados, teniendo que elegir entre Juárez y Díaz exclusivamente, y como la diputación era en su mayoría juarista, se ratificó el triunfo electoral, aunque, por supuesto, la capacidad de maniobra política de Juárez se había lesionado seriamente.

Ante esta situación, aumentaron los brotes rebeldes en diversas regiones del país, cuya tendencia era, aunque no abiertamente, porfirista. Como una medida desesperada, el gobierno juarista buscaba la manera de atraerse a quien ya se llamaba "don" Porfirio, y no "general Díaz", lo que denotaba un gran carisma popular. Echando mano del embajador de los Estados Unidos en México, se envió a Mr. Laurense, cónsul americano, para manifestarle la preocupación de su país por la situación política en México, llevándole una misiva del embajador Nelson en los siguientes términos:

Legación de los Estados Unidos. Febrero 2 de 1870

Mi querido señor, incluyo con la presente copia de un telegrama del general Escobedo: "La espada del general Díaz, echada en la balanza a favor del gobierno, restauraría la paz dentro de 20 días, evitaría el derrame de mucha sangre y el gasto de mucho dinero, mientras que aumentaría en gran grado su ya merecida ilustre reputación." Verdaderamente suyo.

Thomas H. Nelson

También el ministro de hacienda juarista, don Matías Romero, en varias ocasiones escribió a don Porfirio aconsejándole su abstención o no intervención respecto a los movimientos rebeldes:

Del patriotismo y buen gusto de usted —le escribe—, *espero yo que usted no se prestará, como lo ha hecho hasta ahora, a tomar parte en ninguna Revolución, cualquiera que sea el motivo que la ocasione. Aun el caso de que la Revolución resultara victoriosa, creo que empeñaría con ella su nombre sin mancha, y que solamente sería el principio de una serie de desgracias y calamidades que vendrían a ser coronadas con otra intervención como la que usted contribuyó tanto a derrocar.*

En otra misiva posterior, don Matías decía a don Porfirio:

El señor Juárez no tiene ni ha tenido mala voluntad respecto de usted. Lejos de esto, ha sido el primer apreciador de su mérito y le ha tenido verdadero cariño. Creo que si usted une sus esfuerzos a los de él en beneficio de la Nación, se podrá conseguir mucho a favor de nuestra Patria.

Mientras tanto, don Porfirio padecía graves problemas familiares: Camilo, su hijo, muere el 13 de abril de 1870, y su primogénito, Porfirio Germán, fallece también el 4 de mayo siguiente. Además, su hermana Desideria muere igualmente el 25 de octubre de ese mismo fatídico año, meses después, su esposa, Delfina, cae gravemente enferma a consecuencia del alumbramiento de su hija Luz, una débil niña que también perecería dos años después. Para colmo de la desgracia, un serio disgusto con su hermano Félix los separa, tanto en sus relaciones personales como en los asuntos políticos de su estado, pues, aparentemente, las ambiciones personales de Félix lo habían llevado a relacionarse con los lerdistas locales, quienes trabajaban abiertamente en contra del porfirismo. También había exhortado a los partidarios de su hermano Porfirio a que se unieran a la causa de Lerdo, con el fin de que éste pudiera desplazar a Juárez de la presidencia. Todo lo anterior representaba un serio quebranto en el vínculo político y familiar, aunque nunca podremos saber en qué ámbito se generó el conflicto.

No obstante su situación familiar, don Porfirio se decide a enfrentar abiertamente la situación política, y se dispone a organizar lo que según él, sería una Revolución contundente y, según los políticos que lo alentaban, era ésta necesaria para restablecer la paz en todo el país, deshaciendo al mismo tiempo, la imposición de Juárez, todo ello con la finalidad de restablecer la democracia.

Así que, sin ninguna discreción, don Porfirio instala en su propia hacienda, un taller de fundición para fabricar cañones, y un arsenal de armas y municiones. Además, en la capital de la República, se había instalado un "directorio revolucionario", en el que estaban inscritos, por propia voluntad, los personajes políticos y jefes militares que en cualquier momento estarían dispuestos a lanzarse a la lucha armada para apoyar a Díaz, si fuese necesario.

Aparentemente, este despliegue de indiscreta publicidad, tenía la finalidad de manifestar la fuerza del porfirismo y meter miedo al gobierno de Juárez, probablemente para negociar nuevas posiciones políticas en vistas de futuras elecciones.

Pero el gobierno de Juárez responde al amago con inusitada violencia, preparándose para la lucha, en vez de activar los caminos políticos, y en esta preparación, son llamados precisamente aquellos jefes militares reconocidos como incondicionalmente leales, aunque con fama de crueles y sanguinarios, como era el caso del coronel José Ceballos, quien acababa de sofocar una revuelta en Yucatán con fusilamientos en masa; el general Ramón Corona, quien aterrorizó a los alzados en Sinaloa y Jalisco; y sobre todo, el general Sóstenes Rocha, quien en tiempos recientes había fusilado en la Ciudadela a 300 prisioneros en un solo día.

Tal vez don Benito Juárez también estaba jugando sus cartas a manera de intimidación, pero en caso de haber sido así, el resultado fue contraproducente, pues eso exacerbó los ánimos de los revolucionarios.

El 7 de noviembre de 1871, fue expedido en Oaxaca el llamado Plan de La Noria, en el que se desconoce la tercera reelección de Benito Juárez y se establece, como principio político, la no reelección, haciendo un llamado a la nación para defender por las armas, si fuese necesario, ese principio, bajo la dirección incuestionable de Porfirio Díaz.

A pesar de las recientes diferencias, el gobernador del estado, Félix Díaz, secundó el movimiento revolucionario, y decretó que el estado reasumía su soberanía entre tanto se restablecía el gobierno nacional, conforme lo reclamaba el plan de La Noria. El regente de la Corte de Justicia Oaxaqueña, Félix Romero, quien era leal juarista, esa misma noche se marchó con rumbo a la sierra y se instaló en la hacienda de Cinco Señores, para asumir la gubernatura del estado, declarando la inconstitucionalidad de la actitud del actual gobernador.

Por su parte, el gobierno de Juárez movilizó una parte del ejército federal con rumbo a Oaxaca, al mando del general Ignacio Alatorre, quien realizó una brillante campaña en el estado, y finalmente tomó la plaza de Oaxaca sin disparar un solo tiro, pues el gobernador, Félix Díaz, ya había huido ante la debilidad de sus fuerzas para defender la plaza. En esas circunstancias, también Porfirio Díaz huye con rumbo a la Mixteca, acompañado de sus más íntimos colaboradores y de una escolta de 500 hombres.

Durante varias semanas, el caudillo y sus hombres estuvieron movilizándose entre Puebla y Oaxaca, y finalmente se desplazaron hacia Tlaxcala, burlando la persecución del ejército federal, y en especial, del feroz general Rocha, hasta que por fin pudo penetrar al territorio veracruzano, acompañado solamente de Galván y un asistente, donde se conectó con sus partidarios, y particularmente con Teodoro A. Dehesa, quien lo llevó subrepticiamente al puerto y lo embarcó en un buque inglés que lo llevó a Nueva York, lo que era un deshonroso destierro, pero la salvaguarda de su vida.

Mientras tanto, en las inmediaciones de Puerto Angel, fue capturado Félix Díaz, quien fue ejecutado con extrema crueldad por el general juarista Apolonio Jiménez: se le desollaron las plantas de los pies para hacerlo caminar por el terreno arenoso hasta el lugar en el que se le amputaron las orejas, los genitales y posteriormente las manos, con lo que afortunadamente perdió el conocimiento, pues después dividieron su cuerpo a golpe de machete.

Tal vez conocedor de la suerte de su hermano, Porfirio Díaz decide regresar a México para continuar la lucha; habiendo desembarcado en Manzanillo, se refugió en la ciudad de Tepic, donde al poco tiempo lo sorprendió la inesperada muerte de don Benito Juárez, lo que trastornó por completo la situación política nacional y prácticamente dio fin al movimiento revolucionario de La Noria, pues el Presidente sustituto, Sebastián Lerdo de Tejada, emitió un Decreto de indulto hacia todos los alzados, y considerando que había desaparecido el motivo central de su lucha y que se tendría la oportunidad de pasar a la contienda política por la vía electoral, prácticamente todos depusieron las armas, incluyendo al propio don Porfirio, quien se había trasladado a Chihuahua, y desde ahí dictó su rendición, con lo que expresaba, orgullosamente, que no aceptaba el regalo del indulto, aunque, desde luego, resultaba benéfico para él. Entonces se difundió por todos los medios el siguiente telegrama, emitido por el coronel Florentino Carrillo:

El caudillo de la Revolución, don Porfirio Díaz, escuchando la voz del patriotismo, se ha sometido por fin al Supremo Gobierno con las fuerzas insurreccionales que lo obedecían en Chihuahua, y ha entregado toda la artillería y el material de guerra existente en la plaza... El mismo general Díaz queda comprometido a presentarse al Supremo Gobierno para que disponga lo conveniente...

En efecto, el 17 de noviembre llegó a México, acompañado de las generales Francisco Z. Mena y Manuel González, recibiendo una calurosa bienvenida de sus partidarios, quienes habían fijado en los muros de la ciudad la siguiente invitación:

El esclarecido general Porfirio Díaz... Estando próxima la llegada de tan ilustre patriota mexicano a esta capital, los

presidentes de los clubes constitucionalistas que suscriben,
interpretando el sentimiento popular y deseando tributarle la más
digna ovación, convocan a los miembros de ella a la reunión que
tendrá lugar el jueves 14 del presente a las siete de la noche en el
Teatro Principal, con objeto de acordar la manera de verificarla...
¡Viva el egregio general Porfirio Díaz!

Al día siguiente se presentó ante el Presidente interino, Lerdo de Tejada, quien lo recibió cortésmente, manifestándole que quedaba en completa libertad para dedicarse a los asuntos que estimara conveniente, pero como simple ciudadano, con lo que virtualmente quedaba nulificado su cargo militar y su influencia política.

La posición radicalmente firme del gobierno juarista, ahora representado por Lerdo de Tejada, estaba fundamentada en el apoyo del gobierno de los Estados Unidos, que ahora apreciaba como la mejor garantía de sus intereses a la facción juarista.

El Plan de Tuxtepec

L a derrota política de Porfirio Díaz fue contundente, tanto, que aun en su propia tierra, Oaxaca, era hostilizado por el gobierno lerdista, por lo que decidió vender su hacienda "La Noria" y con el producto de esa operación comprar un rancho en Veracruz llamado "La Candelaria", en un paraje tranquilo y fértil cercano a Tlacotalpan. Durante este apacible exilio, su esposa Delfina dio la luz dos nuevos hijos: Deodato Lucas Porfirio, quien nació el 18 de octubre de 1873, y Luz Aurora Victoria, nacida el 5 de mayo de 1875.

A pesar de su aislamiento, Porfirio Díaz no podía renunciar a su condición de caudillo, tanto por su voluntad como por la situación de general insatisfacción que producía el deterioro creciente de la economía del país, y siendo él la figura más destacada de la oposición, se fue recreando la corriente porfirista como una respuesta ante la ineptitud del régimen juarista en el terreno económico, y también a causa del descontento que causaban sus excesos anticlericales. Fue por ello que en 1874, fue lanzada la candidatura del general Porfirio Díaz para la gubernatura del estado de Morelos; pero en las elecciones, y gracias al sistema de "democracia dirigida" que manejaba el gobierno, salió triunfante el general Francisco Leyva, políticamente afín al gobierno de Lerdo. Pero en vez de la citada gubernatura, se le permitió el acceso al gobierno, como diputado federal por el estado de Veracruz. Sin embargo, al Presidente Lerdo trató de evitar su ingreso al Congreso de la Unión, ofreciéndole el puesto de ministro de la República en Alemania, con la obvia intención de alejarlo del país. Porfirio declinó el cargo, aduciendo que él no tenía méritos diplomáticos, y que por tanto, sólo podía considerar el ofrecimiento como un favor, y que "favores sólo aceptaba de sus amigos", lo que era una clara señal de hostilidad hacia el Presidente Lerdo de Tejada y un deslinde de los campos políticos; así que la lucha comenzó de nuevo, y el 15 de enero de 1876, es lanzado en Ojitlán, Oaxaca, el llamado Plan de Tuxtepec, por el que se desconocía al gobierno de Sebastián Lerdo de Tejada. Se establecía como suprema garantía política, el principio de "no reelección" del Presidente de la República y gobernadores de los estados. En este plan se reconocía como jefe máximo del llamado "ejército regenerador", al general Porfirio Díaz, aunque él nunca firmó ese plan, por lo que más tarde no se reconocería como traidor a su propia causa al promover sus reelecciones.

Apenas cinco días después de firmado el Plan de Tuxtepec, la capital oaxaqueña fue tomada por los insurrectos al mando del general Fidencio Hernández, y en poco tiempo dominaron toda la entidad. Mientras tanto, don Porfirio y los principales levantados habían marchado a Nueva Orleáns, con la supuesta finalidad de contactar a los dirigentes de la masonería americana, y de esa manera promover el apoyo del gobierno de los Estados Unidos para su causa, sobre todo en lo referente al financiamiento de la campaña, lo que constituía el principal problema para la ejecución del plan. En estos intentos por conseguir dinero, encontramos por primera vez el nombre de Jorge Ives Limantour, padre de quien sería después ministro de Hacienda.

El resultado de aquellas negociaciones aparentemente no fue tan malo, pues en todo el Norte del país se promovían con éxito los alzamientos en apoyo del Plan de Tuextepec, por lo que, confiado, el general Díaz ataca la plaza de Matamoros y logra someterla con facilidad. Con los contingentes que se encontraban ahí reunidos y los que ya estaban alzados de otros pueblos, Porfirio logra formar una división de 2,500 hombres con la que se dirige a Ciudad Mier, para desde ahí organizar la campaña de movilización de todo el Norte, lo que consigue con cierta facilidad, dada la pobreza de las fuerzas gubernamentales en la región y las constantes defecciones a favor de los alzados por parte de los mandos militares, cuya lealtad al gobierno era tan débil como sus fuerzas militares; por todo ello, Porfirio Díaz se adueña virtualmente de todo el Norte, y decide regresar a los Estados Unidos, tal vez para conseguir más refuerzos económicos o apoyo político; después de una breve estancia en Nueva York y Nueva Orleáns se embarca en el vapor *City of Havana*, en el que llega a Tampico el 21 de junio de 1876, donde, aparentemente enterados de su arribo, lo estaban esperando agentes lerdistas. Ante la inminencia de su arresto, Porfirio Díaz se arrojó al mar y nadó hacia la costa, alejándose del buque; se dice que el capitán del barco quien era un masón afín a don Porfirio, protegió su escape diciendo a los captores que en las maniobras de rescate del hombre que se había tirado al agua, lo que se había encontrado era un salvavidas manchado de sangre, de lo que se deducía que el hombre había sido devorado por los tiburones…, mientras tanto, el general era ocultado en un camarote aislado.

Ése fue el informe que los agentes dieron a sus jefes en México, y de inmediato cundió la noticia, tal vez difundida con amplitud por el propio gobierno. La supuesta muerte del caudillo desalentó profundamente a los alzados de Puebla y Oaxaca, y comenzó una ola de deserciones que hubiesen continuado, a no ser que rápidamente les llegó el desmentido de la muerte del caudillo, quien, habiendo sido protegido por el capitán del barco, desembarcó con sigilo en un estero cercano al puerto de Veracruz, donde era esperado por simpatizantes, quienes le proporcionaron los medios para viajar a Oaxaca, donde llegó sano y salvo la noche del 7 de julio de 1876, disfrazado y en un estado de total agotamiento.

Días después, Porfirio se reinstala en la hacienda de La Noria, que aunque ya no era de su propiedad, fue puesta a su disposición por el nuevo propietario, don Francisco Uriarte. Allí se dedica a organizar el ejército que habría de llevarlo al triunfo definitivo. Funde cañones, prepara armas y municiones, almacena provisiones, y ya para fines de septiembre, tiene en pie de guerra a más de 2,500 hombres perfectamente pertrechados, al frente de los cuales sale de Oaxaca el 1o. de octubre con rumbo a la Mixteca, desde donde pretende iniciar la campaña de toma de Puebla y Tlaxcala.

Después de varias escaramuzas con las avanzadas del ejército lerdista al mando del general Ignacio Alatorre, el 16 de diciembre se lleva a cabo la histórica batalla de "Tecoac", que fue sin duda la más sangrienta de esa revuelta, y estuvo a punto de acabar con ella, lo que hubiera cambiado el rumbo de la historia de México. Pero un tanto de suerte y otro de habilidad estratégica, dieron el triunfo al ejército rebelde con un costo de más de tres mil muertos de uno y otro bando, lo que fue una verdadera carnicería.

El impacto que causó en el gobierno Lerdista la derrota de Tecoac fue tremendo, tanto, que el gobierno se consideró perdido, al grado de que el Presidente Lerdo de Tejada prefirió abdicar del gobierno y exiliarse, por lo que en la madrugada del 21 de noviembre mandó sacar de la prisión en que se hallaba al general Luis Mier y Terán y le propuso que se hiciera cargo de la capital de la República, para que, sin riesgo de su propia persona, rindiera la ciudad y entregara el gobierno al caudillo de la insurrección.

Terán rehusó la encomienda y propuso para el caso al Lic. Protasio P. Tagle, quien era un reconocido porfirsta, y de inmediato fue nombrado gobernador interino del Distrito Federal. Horas más tarde, Lerdo de Tejada y los principales miembros de su gabinete emprendieron la huida, escoltados por una fuerza de caballería. Penosamente llegaron al puerto de Zihuatanejo, pues era su intención embarcarse ahí, pero fueron aprehendidos por la guarnición porfirista y de inmediato se dio aviso al general Díaz, quien se encontraba en Guadalajara, y él determinó que se permitiera el embarque de los prisioneros, "a fin de evitar mayores complicaciones".

Al mismo tiempo, en la ciudad de México se publicaba el siguiente bando:

El Lic. Protasio Tagle, encargado interinamente del gobierno del Distrito Federal, a sus habitantes, sabed:

El personal de la Administración, a cuyo frente se encontraba el licenciado C. Sebastián Lerdo de Tejada, ha abandonado esta capital. En esa virtud, se ha encargado el mando militar al C. general Francisco Loaeza, y del gobierno del Distrito Federal el que suscribe. Con este carácter interino, invito a los habitantes de esta ciudad para que durante estos momentos y mientras el Ejército Regenerador se presenta, guarden el orden y la moderación que conviene al buen sentido de que siempre han dado prueba, bajo el concepto, que tanto el jefe de las armas como el gobernador, reprimirán con energía cualquier desorden.

Os anuncia con placer, que dentro de pocas horas tendremos entre nosotros al virtuoso ciudadano, al egregio general Porfirio Díaz.

México, Noviembre 21 de 1876.

Protasio P. Tagle

En efecto, el caudillo se presentó en la capital el 26 de noviembre. El diario *El monitor republicano*, refiere así este acontecimiento:

México ha tenido dos días de júbilo: el lunes, cuando el dictador abandonó su palacio huyendo entre las sombras de la noche, y ayer, en que el general en jefe hacía su entrada.

69

Desde las 11 de la mañana, salió para Cerro Gordo un tren llevando a algunos amigos del general Díaz que iban a recibirlo, así como algunas señoras.

A las tres de la tarde, México entero se ha trasladado a las avenidas del Oriente; las calles desde Palacio hasta la estación eran un mar de gente: coches, jinetes, curiosos de a pie, todos se apiñaban hasta llegar al tren en donde el pueblo no pudo contenerse y saltó sobre las puertas que cierran los últimos rieles.

El general Díaz llegó a las cinco, montó en el coche del Gobierno que le tenían preparado, y seguido de un pueblo que le vitoreaba sin cesar, llegó a Palacio, entró en el ministerio de guerra en donde una guardia impedía la entrada. Allí recibió las felicitaciones de sus íntimos amigos.

Pasado un momento, el general salió al balcón principal, en donde con breves y sentidas palabras arengó al pueblo, quien le contestó con un aplauso frenético y prolongado.

A su lado estaban los generales Chavarría y Loaeza; el bravo "Chato Alejandro" escoltó a Porfirio hasta su entrada a Palacio. Los balcones del tránsito estaban coronados de gente; las calles eran como un océano embravecido; la plaza no podía contener más al pueblo. Las asociaciones de artesanos con sus banderas y carteles, asistieron también. Los repiques a vuelo y el cañón, resonaban al propio tiempo anunciando a la ciudad que ya tenía en su seno al ilustre caudillo de la democracia.

SEGUNDA PARTE

El primer periodo presidencial

onforme el artículo sexto del Plan de Tuxtepec, el general Porfirio Díaz asume la presidencia de la República con carácter de interino, el 26 de noviembre de 1876, e inmediatamente organiza su gabinete, rodeándose de los personajes más relevantes de la intelectualidad masónica de esos tiempos, siendo una gran parte de ellos antiguos juaristas.

Sin embargo, Porfirio Díaz no asumió de inmediato la Administración Pública, pues sus primeros actos de gobierno tuvieron que ser de índole militar, dada la sublevación del general Iglesias al mando de los remanentes de las fuerzas lerdistas, que pretendían restablecer el gobierno "constitucional", a pesar de su evidente desventaja, tanto en el terreno militar como en el político.

La campaña militar fue rápida y exitosa, por lo que el país por fin podía considerarse en paz, lo que era una extraña y feliz situación para México. De inmediato se organizaron las elecciones para la presidencia de la República, en las que triunfa de manera expedita el general Porfirio Díaz, asumiendo la Primera Magistratura el 5 de mayo de 1877.

Así comenzó el largo proceso de toma y retoma del poder por parte de don Porfirio y sus seguidores, quienes desde los inicios establecieron un régimen contundente, tanto por su capacidad de manipulación política como por su fuerza policiaca y militar, lo que definió un modelo dictatorial de corte clásico, basado en la explotación como modelo económico, y en la represión como procedimiento político, lo que en principio fue una manera drástica pero eficaz de pacificar al país, pues una paz orgánica no había existido en México desde su independencia.

El nuevo modelo económico

l proyecto de desarrollo económico de Díaz, era estrictamente capitalista e inspirado en el modelo americano, por lo que su primera ocupación, fue el desarrollo de las comunicaciones, lo que implicaba la creación de redes telegráficas, y sobre todo, el desarrollo de los ferrocarriles, lo que sería la base de una nueva estrategia de producción y consumo, esto es, la creación de una "economía de mercado", lo que supuestamente habría de producir un progreso acelerado en todo el país, y sobre todo, daría lugar a un cambio de modelo económico, superando el ancestral "vasallaje", que había sido la norma desde los tiempos de la Colonia.

En este sentido, el principal problema del nuevo gobierno, era el conseguir el financiamiento necesario para realizar estas obras de infraestructura, lo que partiría, en primera instancia, del reconocimiento y aceptación del nuevo régimen por parte de los países más avanzados, y por supuesto, en especial de los Estados Unidos. La posición del gobierno americano era, igual que en el pasado, "extremadamente cautelosa", lo que no era más que una estrategia para negociar con las mayores ventajas su reconocimiento político. En estas condiciones, y siguiendo claramente la política imperialista del gobierno americano, el secretario de Estado, Mr. William M. Evarts, se propuso sacar partido lo más que se pudiera del nuevo gobierno mexicano, aprovechando que el general Mariano Escobedo se encontraba en Texas dispuesto a promover una rebelión contra el gobierno del general Díaz y a favor de Lerdo de Tejada, quien, para los americanos, seguía siendo el Presidente de México; además contaba con el pretexto de las "invasiones hostiles" que ciudadanos mexicanos hacían frecuentemente a poblaciones americanas, lo que en realidad no era otra cosa que incursiones de indios, sobre todo "apaches", que saqueaban poblados y atacaban caravanas de uno y otro lado de la frontera; en estas circunstancias, el secretario de guerra, Mr. Sherman, ordenó que si se registrase algún disturbio en la frontera, se persiguiera a quien lo promoviera, incluso dentro de territorio mexicano.

La reacción de Díaz al conocer esta arbitraria orden fue rápida y enérgica, ordenando a su vez al general Jerónimo Treviño, jefe militar en la zona Norte, que notificase al general Ord, encargado de las operaciones en la frontera que:

...no pudiendo el gobierno nacional permitir que una fuerza extranjera entre en territorio de México sin consentimiento del Congreso de la Unión, ni mucho menos que esa fuerza venga a ejercer actos de jurisdicción como lo expresa la orden del Departamento de Guerra de los Estados Unidos, usted repelerá la fuerza con la fuerza en caso de que la invasión se verifique... Cree el Supremo Magistrado de la República, que interpreta fielmente el sentimiento de los mexicanos si acepta la situación en que se coloca ante la humillación de una ofensa que reduciría a México a la condición de un país salvaje, puesto fuera de la comunión del derecho de gentes...

Según reveló posteriormente Mr. Foster, quien en esas fechas se encontraba en México como enviado extraoficial de Mr. Evarts, el propósito de éste era:

...El provocar una guerra con México, aprovechando las condiciones precarias difíciles del nuevo gobierno para ponerlo en situación tal que, o vendía algunos de los estados del Norte de la República, o tenía que soportar las consecuencias de la guerra que habría sido, como es natural, la pérdida de esos estados.

Debido a la firmeza de Porfirio Díaz ante esas astutas maniobras de un sector del gobierno americano, finalmente el otro sector, más prudente, y en especial el Presidente Hayes, se convencieron de que una anexión por la vía bélica hubiese sido demasiado costosa y desgastante políticamente, por lo que el senado norteamericano finalmente votó por el reconocimiento del gobierno de Díaz el 11 de abril de 1878, casi un año después de haber sido reconocido por la comunidad internacional.

El progreso porfirista

Resuelto el delicado asunto de las relaciones diplomáticas con los Estados Unidos, Porfirio Díaz se abocó a realizar las negociaciones para la puesta en marcha de lo que sería su proyecto prioritario de infraestructura económica, que era por supuesto, el desarrollo de la red ferroviaria que habría de posibilitar la distribución de toda clase de insumos para la naciente industria, lo que sería un apoyo fundamental para la producción, así como el cimiento del mercado nacional y el de exportación.

Para entonces, ya varias compañías norteamericanas estaban solicitando concesiones para construir las vías férreas de que hablaba la propaganda hecha en los Estados Unidos por el enviado especial del gobierno, don Manuel María de Zamacona, autorizada con las firmas del general Ulises Grant y del general Sherman, quienes se decían amigos del general Díaz.

Finalmente se definieron los acuerdos necesarios, y el 13 de septiembre de 1880, se firmó un contrato con la que se llamó *Compañía Constructora Nacional Mexicana*, para que se tendiese una vía férrea con la que se uniera la ciudad de México con el puerto de Manzanillo, junto con otro ramal que habría de partir de México, pasando por San Luis y Monterrey y llegase hasta Laredo. En dicho contrato, se estableció muy claramente que la compañía sería mexicana, aun cuando la mayoría de sus miembros fuesen extranjeros, y que, después de 99 años, esos ramales ferroviarios pasarían en buen estado y libres de gravámenes al dominio de la nación.

En iguales condiciones se firmaron otros dos contratos: uno para la construcción del Ferrocarril Central, que habría de tocar Querétaro, Aguascalientes, Zacatecas, Chihuahua y lo que hoy es Ciudad Juárez (Paso del Norte), además del ferrocarril de Sonora, que debía unir Guaymas, Hermosillo y Nogales.

Como resultado de estos trabajos, que para su época, y en especial en México, resultaban descomunales, después de pocos años, gran parte del país se hallaba en pleno auge, por lo menos en lo que a producción y distribución se refiere, aunque la pobreza seguía siendo el común denominador de las clases bajas, y la explotación agrícola tradicional se fue transformando en explotación industrial, aunque no con la intensidad de lo acontecido en Europa durante la Revolución Industrial, o lo que estaba sucediendo en los Estados Unidos, que en esos tiempos era el paradigma del liberalismo capitalista y del desarrollo con base en la industria.

Esta aceleración económica, y sobre todo el empleo que se producía tanto en los trabajos de infraestructura como en las oportunidades que esto producía para el ejercicio de la iniciativa privada, produjo un cierto equilibrio social, y en especial, el saneamiento de las finanzas públicas, obviamente muy deterioradas al inicio del régimen a causa de los crónicos dispendios militares en los que el propio Díaz había participado.

La previsión económica de los asesores de Porfirio Díaz procuraron realizar un proyecto a largo plazo y basarse en modelos perfectamente racionales o científicos de medición de la economía nacional, lo que tenía su orientación en el liberalismo, y sobre todo, en la filosofía del "positivismo"; en esta tesitura, se les comenzó a llamar "científicos" a los miembros del gabinete de Díaz, quienes no defendían ya un proyecto ideológico, sino eminentemente pragmático, siguiendo la pauta de los países que estaban pasando de la economía agrícola a la industrial.

A consecuencia de esta racionalidad, al terminarse el primer periodo de gobierno de Díaz, se registró un notable aumento en los ingresos federales, mismos que se utilizaron para cumplir con los compromisos de la deuda externa, creándose con ello un ambiente de confianza entre los gobiernos y los inversionistas extranjeros, por lo que aumentaron considerablemente las ofertas de inversión por parte de personas y consorcios de diversos países, lo que daba al gobierno la oportunidad de romper la dependencia respecto de la inversión y la tecnología americana, que se había manifestado como aplastante en los primeros tiempos del régimen. Esta apertura —sobre todo a Europa— se facilitó por las grandes obras de habilitación de los puertos del país, especialmente los de Tampico y Veracruz, que podían recibir con desahogo buques de gran calado.

Era la época en la que estaban de moda las exposiciones industriales y agrícolas en los países europeos, y el gobierno "progresista" de Díaz no podía quedarse atrás, por lo que decidió celebrar uno de esos certámenes en la ciudad de México, aunque más tarde se prefirió que se verificara en Puebla, lo que ocurrió en mayo de 1877 con un éxito inusitado, por lo que otros estados comenzaron a imitar esta forma de mostrar sus productos y servicios, lo que al mismo tiempo era alentado por el régimen de Díaz, que de esta manera daba la impresión, tanto al interior como al exterior, de que México se encontraba de lleno en el camino del progreso.

El 22 de enero de 1878, la esposa de don Porfirio, Delfina, dio a luz un nuevo hijo, a quien pusieron por nombre Camilo, muerto al día siguiente de su nacimiento. Dos años después le nace una niña, a quien bautizaron como Victoria, pero a consecuencia de este alumbramiento, cinco días después murió doña Delfina Ortega, lo que marcó una nueva etapa en la vida social del caudillo oaxaqueño, sobre todo por sus nuevas y cordiales relaciones con las familias más relevantes de la capital, la mayoría de ellos conservadores y antiguamente afines al juarismo y al lerdismo; en especial, don Porfirio cultivaba una estrecha amistad con un personaje ligado al lerdismo, cuya influencia seguía siendo de importancia en la política nacional, se trataba de don Manuel Romero Rubio.

Haciendo caso a las sugerencias de sus amigos, y ya viudo, Porfirio comenzó a cortejar a la hija de aquel prominente aristócrata, la joven Carmen Romero Rubio, con quien al fin contrajo matrimonio el 5 de noviembre de 1881, habiendo terminado ya su primer periodo de gobierno y oficialmente fuera del poder.

Éste fue un hecho altamente significativo en la vida de Díaz, pues se produjo un cambio externo en su personalidad, pasando de ser un militar varonil, pero ciertamente tosco y hasta vulgar, a ser un personaje atildado al modo europeo; pero lo que sería más trascendente, era que su nueva parentela representaba, de manera simbólica, pero políticamente real, un poder aristocrático fuertemente arraigado en las costumbres mexicanas hasta ese momento, pues las masas no tenían todavía la fuerza y la consciencia suficiente para representar un peso en la balanza política. En el momento de su unión con Carmen Romero Rubio, el general Díaz se convirtió en el verdadero "don Porfirio", el incuestionable e inevitable dictador, representante de las dos principales fuerzas del país: la milicia y la burguesía; a partir de ese momento, cualquier oposición resultaría infructuosa, mientras no apareciera un tercer poder capaz de romper el símbolo y derrotarlo: el pueblo.

Entre tanto, el ambiente político se caldeaba con motivo de la sucesión presidencial de 1880, los políticos más allegados al caudillo aspiraban a sucederle, y las intrigas y maniobras que empleaban para ello, iban en detrimento de la buena administración. Uno de los políticos más activos en su campaña era el Lic. Justo Benítez, amigo de la juventud y consejero político del general Díaz, a quien muchos consideraban el cerebro de éste. El licenciado Benítez logró un gran apoyo en la Cámara de Diputados, y al mismo tiempo financiaba una buena parte de la prensa citadina, con la finalidad de sesgar la opinión pública en su favor. Ya todo mundo consideraba como sucesor de Díaz a Benítez, pero en los últimos momentos, don Porfirio se inclinó por la candidatura de su compadre, el general Manuel González, echando a andar la maquinaria electoral que ya se encontraba bien afinada desde los tiempos de Benito Juárez y que Porfirio Díaz supo manejar con gran astucia. Como era de esperarse, el general González resultó triunfador en las elecciones, recibiendo el poder de manos de Díaz, quien de inmediato pasó a formar parte del nuevo gabinete, como ministro de Fomento.

En aquellos tiempos, todo mundo pensaba que González era una máscara, y que el verdadero poder era ejercido por Díaz, siendo ministro "clave" del modelo de desarrollo por él impuesto. Tal vez para desmentir esos rumores, Díaz se dio el lujo de renunciar a su ministerio y aceptar la postulación como candidato a la gubernatura de su estado: Oaxaca.

Como era de esperarse, el general Díaz fue elegido gobernador de Oaxaca, y llegó a la capital el 26 de noviembre de 1881, acompañado de su nueva esposa, doña Carmen Romero Rubio de Díaz. El recibimiento que se le hizo fue verdaderamente entusiasta, hubo un desfile militar, y por la noche una verbena popular con grandes fuegos artificiales.

El primero de diciembre, a las 12 del día, el nuevo gobernador rindió su protesta de ley ante la Legislatura local, resumiendo su programa de gobierno en la consigna que ya sintetizaba toda su filosofía social: orden y progreso, lo que, desde luego, era un estribillo que en esa época se repetía en todo el mundo, y era la consigna del capitalismo, que en esos tiempos marchaba a todo vapor, con los Estados Unidos a la cabeza.

Don Porfirio estuvo apenas año y medio al frente de la gubernatura de Oaxaca, pues su pupilo Manuel González, quien ocupaba el cargo de Presidente de la República, estaba cometiendo tantos errores, que de hecho había perdido el control político, por lo que don Porfirio solicitó, y obtuvo, licencia para ausentarse de su estado por un periodo indefinido, y se marchó con rumbo a la ciudad de México en julio de 1882.

De regreso en México, don Porfirio encontró nuevamente revuelto el ambiente político que había dejado más o menos quieto. Entre los elementos adictos al Presidente Manuel González, se había formado una facción que medraba con el poder que el propio Presidente no asumía cabalmente, por lo que estaban decididos a impedir que el actual Presidente entregara el poder al terminar su periodo, que en aquellos tiempos era de cuatro años, conforme al modelo americano. La mayor preocupación de ellos, era la presencia de don Porfirio y su gran influencia política, por lo que incluso en esos tiempos de turbulencia, se dieron varios intentos para asesinarlo, algo de esto relata Monseñor Gillow en sus *Reminiscencias*:

Con sorpresa para todos, el general Díaz se había ausentado repentinamente de la capital sin saberse hacia dónde y mucho menos la causa, regresando a su casa una semana después. Al acudir monseñor Gillow en su busca, don Porfirio le reveló la causa de su ausencia: ... había sabido de un complot para asesinarlo y burló la treta infame poniéndose en cobro. El plan consistía en que un numeroso grupo de estudiantes alborotaría enfrente de la casa del general Díaz, y bajo pretexto de auxilio, acudiría entonces un piquete de rurales, entre los que se deslizaría el audaz asesino encargado de darle muerte. Por eso se ausentó sigilosamente de la capital, marchando a una de las haciendas del licenciado Justino Fernández en el estado de Hidalgo, y estando ahí recibió una carta anónima en la que se le avisaba que se cuidara, porque algo serio se tramaba en su contra a su regreso...

Ante esa oportuna advertencia, se tomaron las debidas precauciones. Don Porfirio se puso en comunicación con su íntimo amigo, el español don José Sánchez Ramos, hermano de don Delfín, que era el constructor del ferrocarril de Cuautla, a fin de que por la vía del Interoceánico viniera a encontrarlo secretamente hasta la estación más próxima a la hacienda en que se hallaba, trayendo consigo una máquina exploradora. El día convenido, muy temprano, esperaba ya en la estación don José, con quien fueron a reunirse la familia Romero Rubio, y la de don Justino. Incorporado el general Díaz, ordenó al conductor de la máquina exploradora que al caminar el tren, en especial lo hiciera lentamente, y posteriormente le ordenó al maquinista del tren que se bajara, dejando solamente al fogonero, pues Sánchez Ramos iría de conductor. Llegados a los llanos de Apam, notó el general Díaz que en cierto punto, después del paso de la máquina exploradora, alguien había subido sobre la vía. Siguieron caminando con gran lentitud, y cuando se aproximaron más al lugar sospechoso, vieron con anteojos de larga vista, que un individuo trabajaba en algo. Ya más cerca, el bulto aquel se apartó rápidamente de la vía, escondiéndose entre los magueyales. Por último, al llegar al punto, se encontraron con una gran piedra atracada contra un durmiente para hacer volar al tren.

El general Díaz saltó inmediatamente de la máquina, pistola en mano, y metido por entre la magueyera que bordeaba el camino, corrió gritando: "¡Ríndase, ríndase, pues soy de tiro certero!" Un hombre salió detrás de un agave, pálido, tembloroso. Don Porfirio lo apostrofó, diciéndole: "¿Quién le pagó?", a lo que el interpelado contestó: "No lo he de revelar". Un tremendo puñetazo en la mandíbula inferior del bandolero siguióse a su respuesta, tras lo cual el hombre cayó falto de sentido, subiéndosele en tal estado al tren. Una vez que recobró el conocimiento, Romero Rubio estuvo interrogándole, pero nada pudo sacar en claro.

Así relata el obispo Gillow los pormenores de estos acontecimientos que revelan la firme determinación de los enemigos

políticos de Díaz, que a toda costa trataban de impedir que llegase
a consumarse lo que ya todo mundo sabía: el general Díaz volvería,
por segunda vez, a la presidencia de la República.

Ya por terminarse el cuatrienio del gobierno transitorio
de Manuel González, a mediados de abril de 1883, don
Porfirio hace un viaje a los Estados Unidos, acompañado
de su esposa. Aparentemente se trataba de un viaje turístico;
pero el 26 de mayo es recibido oficialmente en Washington
por el presidente Arthur, quien de antemano había nombrado a Mr. Foster para que fuese a encontrarlo y le diera la
bienvenida en su nombre.

El majestuoso palacio de Bellas Artes fue construido por órdenes de
Porfirio Díaz.

La configuración de la dictadura

El segundo periodo de Díaz, se echa a andar bajo la consigna capitalista de "poca política y mucha administración", estableciéndose un método de gobierno que sería la fisonomía definitiva de la dictadura de Porfirio Díaz.

Reformada la Constitución, en el sentido de permitir la reelección, Porfirio guarda en un cajón de la historia su propia bandera, la misma que él había enarbolado contra el régimen de Juárez y la que permanecería escondida hasta 1911, cuando Francisco I. Madero, al frente del movimiento revolucionario, la esgrime para derrocarlo.

Pero en ese momento de la historia de México, la mayoría de los mexicanos cifraban en el dictador en ciernes sus esperanzas de alcanzar aquello de lo que había carecido el país desde su Independencia: la estabilidad política, como base de un posible desarrollo económico; sobre todo ante la inquietante experiencia de un gobierno débil y fallido, como había sido el de González, en el que se propició, una vez más, la formación de facciones que pusieron en peligro esa tan deseada estabilidad.

Pero don Porfirio asumió para su beneficio y el de sus allegados, el esquema dictatorial que mostraba el rostro férreo del orden impuesto por la represión, y de un progreso basado en la explotación de las mayorías; así que desde ese momento fue eliminando, implacable, a quienes osaban enfrentársele políticamente. De una y otra manera, el caudillo dio a entender a los generales facciosos, que los levantamientos en armas tenían que pasar a la historia, y que él estaba dispuesto a reprimirlos desde su propia gestación, con lo que pretendía acabar para siempre con el militarismo que había sido la pauta de la política mexicana, como fundamento de un sueño personal y de élite: hacer de México un país similar a los europeos, y en especial, parecido en todo a los Estados Unidos de América, por aquellos tiempos modelo de un proceder político y económico pragmático y funcional, que necesariamente llevaría a los mexicanos a la madurez social, con Porfirio Díaz siempre a la cabeza.

Comenzó entonces una política de "conciliación" que pretendía, y en la práctica iba logrando, desactivar la tradicional política facciosa que había llevado al país a tantas guerras, incluyendo las que el propio general Díaz había promovido; esta orientación era bien aceptada por todos, aunque para muchos significaría "conciliación o muerte", dado que el caudillo se encontraba ya en condiciones de ejercer un poder contundente y una represión eficaz. De esta manera, don Porfirio fue integrando en su gabinete a muchos de sus anteriores opositores juaristas, lerdistas, liberales o conservadores, dándoles a entender que él ya no era el dirigente de un partido político, sino el Presidente de la nación, el jefe individual, el "hombre fuerte" que representa la estabilidad del Estado, y por tanto, se encuentra más allá de las veleidades de la democracia directa, colocándose por encima de cualquier facción o partido, e incluso, por encima de la ley cuando fuese necesario.

Esta política, forzadamente conciliadora, llegó a su más alta expresión cuando uno de los principales opositores, el general Mariano Escobedo, hechas las paces y siendo presidente del Congreso de la Unión, condecoró a Díaz con el *Gran Collar del 2 de abril*, en cuyo acto pronunció unas palabras que claramente definían su posición:

Señor: Estamos en el santuario de la ley que sois el primero en respetar; pero mirad este recinto siempre despejado y hoy ocupado por veteranos que han combatido por la ley y con la espada al cinto, ostentan con orgullo la parte de nuestros gloriosos trofeos, testigos mudos y presenciales de las victorias obtenidas para la patria.

Mirad, señor, entre estos trofeos de pálidos colores por el tiempo, hechos jirones por la destructora metralla, y reconoceréis a los que habéis llevado al combate, y aun a algunos que conducidos por vuestro valor y civismo, habéis hecho coronar por la victoria.

Mirad, señor, en este augusto recinto, a la representación nacional, a los magistrados de la justicia y a todas las clases de la sociedad que vienen a presenciar el honroso y justo premio que se os ha acordado; y mirad al pueblo soberano que no os olvida en los hechos gloriosos que obtienen sus soldados cuando combaten por la ley, por la libertad o por la patria; y por esto la representación nacional decretó una condecoración para los soldados del Cuerpo del Ejército de Oriente que combatieron, asaltaron y tomaron la plaza de Puebla de Zaragoza el 2 de abril de 1867; asalto y toma valientemente ejecutados y mejor dirigidos por vos, señor, que erais su caudillo y, por esto, la misma representación nacional acordó para vos, esta condecoración especial, como especial y único en la historia de nuestra patria el acto solemne en el que se os entrega (aplausos).

Pudiera resultar asombroso el cambio de actitud del general Mariano Escobedo, antes acérrimo enemigo de Díaz, y ahora totalmente entregado a su proyecto de nación, o tal vez motivado por su política de conciliación, que por lo menos abría las puertas para todos a la participación política en un proceso de cierta democracia, lo que representaba un avance significativo, aunque basado en un orden que se presentaba incuestionablemente como dictatorial.

Esta apertura a la democracia era considerada por muchos, como una máscara del régimen, pues la Administración Pública estaba realmente en manos de Porfirio Díaz y de su gabinete inamovible, quedando solamente como terreno de debate político el Congreso de la Unión, por cuyos escaños desfilaron, sumisos, muchos de los que más tarde serían furibundos enemigos del dictador, como Venustiano Carranza, Benito Juárez Maza, Jesús Urueta, Diódoro Batalla, Heriberto Barrón, José Peón del Valle, Manuel Calero, Carlos Trejo Lerdo de Tejada, Rafael de Zayas, José López Portillo y Rojas, *et al.*

Uno de los temas delicados de la política porfirista fue siempre su relación con el clero, pues éste representaba una fuerza política con la que había que contar, pero siempre manteniéndola en estado pasivo, pues tanto la aceptación de los principios católicos como su rechazo, podría ser peligroso para un régimen que se presentaba como "científico", liberal y apuntalado en la masonería, lo que resultaba totalmente incongruente con el tradicionalismo católico mexicano.

Sin embargo, don Porfirio fue capaz de manejar a la Iglesia dentro de los rangos de lo tolerable, desvirtuando los argumentos de los radicales conservadores y contando con el apoyo de un ala "progresista" de la Iglesia, como el Dr. Ignacio Montes de Oca, obispo de San Luis Potosí, y su fiel amigo Eulogio G. Gillow y Zavala, quien, por gestiones del Presidente Díaz ante la Santa Sede por conducto de su ministro en Roma, don Juan Sánchez Azcona (padre del secretario particular de Madero), fue designado obispo y después arzobispo de Oaxaca, lo que significa un entendimiento entre el Vaticano y el gobierno de Díaz, quien sin embargo, no promueve modificación alguna en las leyes de Reforma, temeroso de que la masonería y el liberalismo intransigentes le retirasen su apoyo. A pesar de plantear un gobierno completamente laico, don Porfirio tiene la prudencia de no tocar los intereses eclesiásticos, y se muestra tolerante con las instituciones educativas confesionales y los seminarios y colegios católicos, sobre todo con los manejados por la orden de los jesuitas, que había sido severamente hostilizada por Lerdo de Tejada, procediendo incluso, a su expulsión del país. La educación con tintes católicos se encontraba en auge, sobre todo entre las clases acomodadas, pero el gobierno impulsaba también con gran vigor la educación laica que se impartía en las instituciones oficiales.

La política conciliadora de Díaz no era del agrado de los extremistas, tanto de izquierda como de derecha, pero tenía la virtud de crear las condiciones para una coexistencia tolerante de unos y otros, dando una sensación general de madurez política que daba tranquilidad a la mayoría y seguridad a los inversionistas.

Los límites del progreso

L a administración porfirista continuó hasta 1900 con
gran solidez en el terreno político, y dedicando la mayor parte de sus recursos a las obras de infraestructura económica, lo que supuestamente sería la base de un progreso
permanente, y sobre todo, sensible para el pueblo, pues, en
el fondo, ése era precisamente el gran hueco del régimen
porfirista, cuya estrategia era racionalmente válida, y sus
beneficios eran teóricamente demostrables, pero la pobreza
seguía siendo el estigma de las clases populares, a pesar
de que el sistema permitía la creación de nuevos empleos,
aunque con salarios tan bajos que difícilmente podrían servir para la creación de un mercado interesante para los inversionistas nacionales y extranjeros; por otro lado, el estilo
de producción en el campo seguía siendo el tradicional,
basado en una especie de vasallaje en las grandes haciendas,
que eran entidades económicas importantes en sí mismas,
y propiciaban un estilo de vida muy precario para los campesinos, a pesar de los esfuerzos del gobierno para convertir
a las haciendas en "empresas", y a los campesinos en trabajadores asalariados.

La generalización de la pobreza dentro de un sistema
sólido, era todavía más desesperanzador que la zozobra de
los tiempos de guerra, pues para el grueso de la población,
la espera del "progreso" no tenía la misma connotación que
para las clases altas o la naciente clase media, quienes podían
generar la paciencia y acariciar la expectativa de que los

enormes gastos de infraestructura, en ferrocarriles, presas, caminos, puentes, etc., iban a servir realmente para la creación de una economía de mercado. No así la mayoría de la población, que no entendía las propuestas de los "científicos", y solamente sentía la carencia como una forma de vida que no parecía tener visos de solución.

El descontento popular no tardó en hacerse sentir, ya fuera de manera organizada en los grupos de oposición, o en forma espontánea, como en el atentado que sufrió el Presidente Díaz el 16 de septiembre de 1897, cuando en los momentos en que bajaba de su carruaje para presidir en la Alameda Central la ceremonia de conmemoración de la Independencia, un hombre rompió la valla de seguridad y atacó a don Porfirio a mano limpia, sin arma alguna, lo que indica un acto de emotividad personal o desesperación, pues esa actitud obviamente no respondía a un complot político. El hombre se llamaba Arnulfo Arroyo, y se encontraba totalmente alcoholizado cuando atacó al Presidente; de inmediato fue llevado a prisión para ser juzgado "conforme a la ley", como ordenara el propio Porfirio Díaz; pero esa noche, un grupo de funcionarios porfiristas, cuya lealtad rayaba en el fanatismo, tomaron por asalto la prisión y asesinaron al agresor del Presidente, aduciendo que ésa era la voluntad del pueblo que amaba a su caudillo. Aquellos sicarios sí fueron sometidos a juicio, encontrados culpables de asesinato premeditado, sentenciados a muerte y ejecutados unas semanas después de su descabellada muestra de lealtad a Porfirio Díaz, quien se abstuvo de intervenir en su favor.

Otro caso que inquietó a toda la nación y que tuvo repercusiones internacionales, fue la repentina enfermedad del Presidente a mediados de 1901, lo que fue manejado políticamente por sus opositores para generar una serie de rumores, en el sentido de que el caudillo podía morir en cualquier momento. Don Porfirio solamente se retiró unos días a Cuernavaca, por prescripción médica, en procura de simple descanso; pero la incertidumbre artificialmente creada y la ausencia del Presidente causaron alarma entre banqueros, altos funcionarios y políticos militantes, quienes acordaron, según refiere el Lic. López Portillo y Rojas, entrevistarse con el general Bernardo Reyes, quien desempeñaba entonces la cartera de guerra, para que en el evento de que don Porfirio falleciera, se hiciese cargo de la situación e impidiera el desorden, y sobre todo la anarquía, pues aquello podría representar la pérdida de todo lo ganado en lo que se refiere a estabilidad política.

Ante tan alarmantes rumores, los bonos mexicanos bajaron 11 puntos en los centros bursátiles de Europa y Estados Unidos, lo que da una idea del temor que se tenía, de que al desaparecer don Porfirio, el país podría dejar de tener solvencia.

Pero a los pocos días regresó de Cuernavaca totalmente restablecido, por lo que muchos pensaron que se había tratado de una maniobra política del astuto Presidente, quien hubiese podido armar aquel tinglado para evaluar el efecto de su presencia en el mando.

Fue una de las épocas más brillantes de Porfirio —escribe López Portillo y Rojas—, pues pudo darse cuenta de que su popularidad iba en aumento, de que era universalmente querido, y de que los mexicanos aguardaban mucho de su habilidad para continuar gozando de paz y sosiego...

En ese ambiente de paz, fue creciendo un nuevo sector comercial, sobre todo en las grandes ciudades del país, y se desarrolló la industria de textiles, la metalúrgica, la cervecera y la azucarera, como principales rubros de consumo interno y de exportación, lo que tuvo un empuje fundamental con el advenimiento de la electricidad; todo ello dio lugar a un estado de salud en las finanzas públicas que resultaba inusitado en México, y que daba una mayor solidez al gobierno, lo que se traducía en mayor capacidad de negociación en lo que se refiere a los créditos y transacciones internacionales.

En las ciudades del país, se producía también un auge de la cultura, y en especial, el desarrollo del periodismo de gran tiraje, incluyendo las publicaciones literarias como la *Revista Azul* de Manuel Gutiérrez Nájera o *El Mundo Ilustrado*, de Victoriano Agüeros y Reyes Espíndola, creador también del diario *El Imparcial*, que a fines de siglo tenía un tiraje de 100 mil ejemplares, lo que lo ponía al nivel de cualquier diario importante de los países industrializados. En esos mismos tiempos nacieron otros diarios relevantes, como *La Nación*, de Victoriano Agüeros, *El País*, dirigido por Trinidad Sánchez Santos y *El Diario*, de Ernesto Simonedi, así como un conjunto de pequeños periódicos y revistas, muchos de ellos de oposición al régimen, por lo que circulaban de manera semiclandestina, pues de ninguna manera podría hablarse de "libertad de prensa" durante el régimen porfirista, y en los casos en que la difusión de las ideas realmente representaba un peligro para el régimen, la represión era drástica y contundente, cual fue el caso de los Flores Magón en Puebla, de los reconocidos periodistas Filomeno Mata, Daniel Cabrera y muchos otros, a quienes se les encarcelaba en Belem o en las fatídicas "tinajas" de San Juan de Ulúa.

Uno de los efectos de ese auge económico, que desde luego era correlativo al desarrollo de la burguesía, de los inversionistas extranjeros y de la nueva clase media de las ciudades, era el aumento de la diferencia de clases en función de la capacidad económica y de estilo de vida en el campo y la ciudad, lo que fue un fenómeno inherente al desarrollo capitalista en todo el mundo, pero en México resultaba particularmente marcado, pues los beneficios del progreso tendieron a concentrarse en pocas manos, sin propiciarse la extensión del poder adquisitivo de las mayorías, que finalmente son las que constituyen el mercado de consumo, con lo que se propicia asimismo la producción, creando un fenómeno de auténtico bienestar, como ocurría en los Estados Unidos y algunos países europeos; en este sentido, el régimen de Díaz era un espejismo, pues la riqueza efectivamente tendía a aumentar, pero sobre la base de la explotación de los obreros y campesinos, a quienes en algunas regiones del país se redujo casi a la condición de esclavos, con la idea de que finalmente el progreso llegaría para todos, lo que era también un lamentable espejismo y un absurdo económico, pues sin desarrollarse el mercado interno, la economía mexicana necesariamente se proyectaba hacia la exportación, lo que se hubiese perpetuado, manteniéndose el grueso de la población en la pobreza y una pequeña élite en la opulencia, lo que ya era marcado en los últimos años de la dictadura porfirista, dado que se ahondaban las diferencias de clase y con ello el descontento popular, lo que evidentemente era percibido por el régimen, reconocido por el propio don Porfirio; pero la maquinaria ya marchaba sola, y los dirigentes porfiristas, aunque lo hubieran querido, no hubiesen podido modificar el sistema y solucionar con eficacia los problemas sociales que veremos a continuación.

El problema agrario

Los dos aspectos fundamentales que configuran el problema agrario en los tiempos de Díaz son, en primer lugar, la tenencia de la tierra en sí, acaparada por los hacendados tradicionales y una nueva clase de latifundistas agrarios, y en segundo lugar, la explotación que en ambos sistemas de producción se hacía del peón asalariado o del trabajador sujeto a una servidumbre perpetua por varios medios, incluyendo la conocida "tienda de raya", donde las personas, para subsistir, se endeudaban para toda la vida. Tal vez era ése el sistema más inhumano, traído por herencia desde la época colonial, aceptado sin mayor problema por todos los gobiernos independientes y agudizado en el porfiriato a causa de la obsesión del régimen por la producción. Don Porfirio, al parecer, consideraba ese asunto como un hecho negativo e inhumano, pero sin duda secundario, pues la prioridad suya era la creación de una infraestructura moderna para el desarrollo de la industria, dejando el campo para después, como se deduce de una carta enviada al gobernador de Tabasco, don Simón Sarlat, quien le planteaba el problema de lo que él llamaba "los mozos", endeudados, a lo que don Porfirio responde que:

…no se debe hacer todavía esfuerzo alguno exagerado para resolverlo, pues son defectos de forma de nuestro modo de ser que no pueden ni deben ser corregidos de un día a otro.

Y como ejemplo, pone el caso del reclutamiento en el ejército, del cual decía:

...no hay nada más horripilante en nuestra organización social, y sin embargo, tenemos que pasar por esa vergüenza que causa su ejecución, mientras el país no se encuentre constituido tan sólidamente, que pueda soportar sin zozobra una ley de quintas o sorteo.

Por lo que hace a las tierras laborables, algo hizo don Porfirio para favorecer a la clase campesina: ya a finales de siglo, el ministerio de Fomento emitió una circular que ordenaba dividir los ejidos, ya extinguidos en virtud de las Leyes de Reforma, entre los jefes de familia más necesitados.

Tal disposición ya venía realizándose *...pero como las autoridades políticas y municipales de los pueblos* —decía don Porfirio al gobernador— *son los encargados de hacer las divisiones respectivas en lotes, ya ha sucedido que, antes de que esto se verifique, esas mismas autoridades se ponen de acuerdo con los hacendados que tienen predios colindantes con los ejidos, para que se los vendan recibiendo muchas veces dinero por anticipado.*

Como usted comprenderá —sigue diciendo don Porfirio—, *procediendo de este modo, sería ineficaz la mente del gobierno a favor de los pueblos, e ilusorios los beneficios que para ellos proporcionaría aquella disposición ejecutada con lealtad y equitativamente.*

En tal virtud —termina diciendo— *le recomiendo de la manera más especial, se sirva no sólo vigilar las operaciones que se hagan sobre la división y reparto de esos terrenos cuyos títulos usted personalmente entregará a los interesados, sino que cuide de intervenir oficialmente en ellas, de que dichas autoridades políticas y municipales hayan observado con toda escrupulosidad y exactitud las disposiciones de la circular a que me vengo refiriendo, cuya mente, repito, es beneficiar a la clase desheredada de los pueblos; en el concepto de que el ministerio, por su parte, enviará a los estados visitadores **ad hoc,** que con presencia de las relaciones a que me refiero, vean todos y cada uno de los individuos cuyos títulos de propiedad se extiendan, a fin de cerciorarse de si están o no en posesión de la parte del terreno que les corresponde.*

A pesar del empeño que se ponía en disimular, si no resolver el problema de la tenencia de la tierra y beneficiar a los campesinos más pobres, el sistema de reparto agrario del porfiriato tenía su talón de Aquiles en el sistema de liberalismo a ultranza, que era el fundamento filosófico y económico del sistema, por lo que no se podía coartar el derecho que tenían los individuos o las empresas del campo a vender o rentar sus tierras, con lo que la aparición de pequeños propietarios era en verdad efímera, como señala el propio don Porfirio, pues rápidamente las parcelas eran asimiladas a los grandes latifundios, cuyos dueños tenían la capacidad económica para comprar la tierra o los medios para hostilizar a los campesinos reacios a vender.

La tenencia de la tierra tendía al modelo latifundista a partir del sistema liberal impuesto por Juárez, pero durante el porfiriato se incrementó considerablemente, aumentando en tamaño y productividad, pero a partir del lenocinio y la explotación, lo que era en la práctica fomentado por el régimen, aunque en su discurso humanista lo rechazara.

Por otro lado, los grandes latifundistas y hacendados constituían una real fuerza política a causa del control que detentaban sobre la producción del campo, lo que finalmente se traduce en alimento, tanto para el campo como para las ciudades. En el país existían latifundios tan grandes, que funcionaban casi como países independientes, teniendo sus propias leyes, su propia moneda, y de hecho, su propio gobierno, ejercido por los dueños de esas grandes extensiones de tierra, como eran los Terrazas y Creel en Chihuahua, los Madero en Coahuila, los Treviño en Nuevo León, los Cravioto en Hidalgo, los Coutolenne en Puebla, los Cajiga y Díaz Ordaz en Oaxaca o los Redo en Sinaloa, cuyos terrenos en realidad les habían sido otorgados por Benito Juárez como premio por su lealtad, a partir de la desamortización de los bienes eclesiásticos y los terrenos que les fueron expropiados a los vencidos partidarios del imperio. Durante el régimen de Díaz, se incrementaron esos latifundios y nacieron otros que el propio Porfirio adjudicó primero al gobierno y después vendió para financiarse, sobre todo durante su primer periodo. En estas condiciones, el problema del campo resultaba extremadamente difícil de resolver por los métodos capitalistas y liberales, y por ende, los campesinos no podían estar incluidos en el proyecto de progreso nacional, sino de una manera marginal, o por última instancia, en un proceso que, aun siendo exitoso, hubiese durado varias generaciones.

La situación en el campo mexicano era realmente insostenible, por lo que un gran cambio era sumamente necesario.

El problema obrero

Por lo que respecta a los obreros, integrados a una industria apenas naciente y sujetos al arbitrio de los propietarios industriales, dada la orientación liberal del régimen, no se tenía una situación diferente a la de los campesinos, y tal vez su condición era en mayor grado lamentable: las jornadas de trabajo eran "de Sol a Sol", lo que era una regla en aquellos tiempos, además de que los salarios, de por sí extremadamente bajos para propiciar la "competitividad", eran mermados por el oprobioso sistema de las tiendas de raya, que se manejaban también en la industria, como una medida esclavizante; aunque ese sistema, no siendo parte de una "tradición", hubiese podido ser fácilmente eliminada por el régimen; sin embargo, se aducía que se trataba de un mal necesario, pues de esa manera, por lo menos, se protegía a la familia del trabajador, proporcionándoles lo básico de la alimentación y vestido; pues la tasa de alcoholismo era demasiado alta en la clase trabajadora, lo que también pudiera ser verdad, aunque habría que atribuir una buena parte de esa verdad a las condiciones de vida y trabajo de los obreros, lo que se sentiría como verdaderamente dramático en el caso de los mineros, por ejemplo.

Otro aspecto, en verdad inhumano del porfiriato, era el sistema de "enganche" para los campos chicleros del Petén, o los tabaqueros de Valle Nacional, lo que no sólo era soslayado por el régimen, sino hasta fomentado, pues esa clase de trabajos "forzados" eran asignados a los reos de las prisiones como purga de su condena, lo que aligeraba el costo del sistema penitenciario y beneficiaba a los hacendados esclavistas.

El problema educativo

esde el principio de su largo mandato, don Porfirio se manifestó partidario de la educación laica, y creó un amplio sistema de instituciones oficiales, cuya base filosófica era la noción de objetividad científica, que se deducía del llamado "positivismo" de Augusto Comte. Incluyendo en sus programas teorías escandalosas para la época, como el evolucionismo darviniano, que lastimaban profundamente la sensibilidad de los católicos, quienes con la anuencia —también liberal— del régimen, contrarrestaron esas tendencias, estableciendo un sistema paralelo de educación católica, sobre todo dirigida por jesuitas, quienes pretendían educar a las futuras clases dirigentes en los principios de la moral cristiana, lo que en realidad más tenía que ver con la definición política y de clase social, que con una auténtica posición religiosa o ética. Sin embargo, estas diferencias en cuanto a la interpretación del mundo, representaron otro de los problemas insolubles del régimen, pues la zanja entre las clases sociales ya no solamente estaba determinada por los ingresos, las costumbres y el estilo de vida, sino también por la ideología, convirtiéndose —o reconvirtiéndose— las clases medias y altas, en "conservadoras", en términos ideológicos y políticos, pero, por conveniencia, liberales tratándose de economía; mientras que el régimen en sí mismo resultaba ideológicamente liberal, pero conservador y represivo en la práctica, por lo que unos y otros tenían puntos de convergencia en la cotidianidad, pero ambos carecían de un proyecto de nación definido con la suficiente claridad como para convertirlo en un modelo educativo sólido y generalizable; aunque se deben reconocer los esfuerzos de algunos personajes lúcidos por crear un verdadero sistema educativo nacional, como fue el caso del gobernador de Veracruz, Juan de la Luz Enríquez, quien contrató al pedagogo suizo-alemán Enrique C. Rébsamen para crear en esa entidad el sistema de las escuelas "Normales" para la preparación de los futuros maestros, las que funcionaron primero en la entidad y después en todo el país. La idea de una escuela para maestros "normal", es precisamente el establecer las normas educativas generales y formar a los maestros en ellas. Esta normalización de la educación nacional era también apoyada por el ministro de Educación, don Justo Sierra; y se llevó a cabo con gran vigor, aunque siempre con la militante oposición de los católicos recalcitrantes, quienes contaban con el sistema paralelo de las escuelas confesionales, por lo que la confusión y la diferencia de ideologías se agudizaba con el paso del tiempo, hasta que en 1910, el maestro Justo Sierra convocó a un importante "Congreso Pedagógico" que tenía la ambiciosa finalidad de zanjar las diferencias ideológicas, pero tal congreso no se pudo realizar a causa del inicio del movimiento revolucionario.

Las relaciones con Latinoamérica y los Estados Unidos

En 1874, una casa editora argentina había pedido a Porfirio Díaz que expresara su opinión respecto del ideal bolivariano de unión latinoamericana, y él escribió lo siguiente:

Obsequiando la invitación que se me hace para que unas líneas de mi puño aparezcan en El Autógrafo Americano, me es grato consignar en ellas mi deseo de que, realizándose el pensamiento de Bolívar, las Repúblicas Hispanoamericanas aseguren en una estrecha alianza, su prosperidad y su gloria. Ojalá y yo pueda contribuir con tan digna empresa como el último soldado. Mi patria, no lo dudo, garantizaría mis servicios.

Porfirio Díaz

Siendo ya Presidente de México, manifestó su apoyo a los países centroamericanos que luchaban por liberarse de la hegemonía norteamericana, como fue el caso de Nicaragua y El Salvador, y en ocasión de ese apoyo se permitió hacer una reinterpretación de la famosa "doctrina Monroe", declarándose partidario de

...una doctrina que condena como atentatoria cualquiera invasión de Europa en contra de las Repúblicas de América; pero no entendemos que sea suficiente para el objetivo que aspiramos el que sólo a los Estados Unidos, no obstante lo inmenso de sus recursos, incumba la obligación de auxiliar a las demás naciones

de este hemisferio en contra de los ataques de Europa (aun si se consideran posibles), sino que cada una de ellas, por medio de una declaración semejante a la del Presidente Monroe, deberían proclamar que todo ataque de cualquiera potencia extraña dirigido a menoscabar el territorio o la independencia, o cambiar las instituciones de una de las repúblicas americanas, sería considerado por la nación declarante como ofensa propia, si la que sufre el ataque o la amenaza de ese género reclama el auxilio oportunamente. De esta manera, la doctrina hoy llamada Monroe, vendrá a ser doctrina americana en el sentido más amplio; y si bien engendrada en los Estados Unidos, pertenecería al derecho internacional en toda América.

Este discurso no esconde una clara posición antiimperialista de Porfirio Díaz, postura que no tardó en ponerse a prueba durante un conflicto con Guatemala, suscitado por la cuestión de los límites entre Guatemala y México, pues la anexión del Soconusco a Chiapas se había realizado con cierta indefinición en 1821, y el tema fue sacado a la luz nuevamente por el dictador en turno de Guatemala, Justo Rufino Barrios, quien era apoyado por los Estados Unidos, a pesar de lo cual, el propio gobierno americano, por conducto del ministro C. A. Logan, ofreció sus oficios como mediador en el problema, lo que fue rechazado rotundamente por parte de Porfirio Díaz, porque, primero, decía, que Guatemala no estaba en lo justo para temer una agresión por parte nuestra; y en cuanto a la soberanía de México sobre Chiapas y el Soconusco, insistía en su decisión de no someterla a discusión. A pesar de esta terminante negativa, el Gobierno de Estados Unidos insistía en el arbitraje. Don Porfirio entendió que los norteamericanos querían intervenir a favor de su protegido, el dictador Barrios, y respondió, que *antes de aceptar esa intervención, prefería la guerra*, pues consideraba que la mediación ofrecida *era una interferencia oficiosa inaceptable*.

El caso se solucionó mediante una Convención Mexico-Guatemala celebrada en 1882, en la que Guatemala terminó aceptando los límites marcados en los acuerdos de 1821. Pero otro incidente, provocado también por Rufino Barrios, estuvo a punto de convertirse en un verdadero conflicto internacional. A principios de 1885, el Presidente guatemalteco, bien asesorado por los norteamericanos, pretendió establecer un supraestado que llamaba "Estados Unidos de Centroamérica", y para ello emitió un Decreto unilateral, sin el consentimiento de los gobiernos de El Salvador, Nicaragua y Costa Rica, quienes grandemente alarmados, pidieron el apoyo del Presidente de México para que impidiera tal imposición, lo que Díaz realizó con toda energía, primero por la vía diplomática y después por la vía de la amenaza, concentrando en la frontera con Guatemala, un ejército de 30,000 hombres, dispuestos a invadir Guatemala en caso de que éste, a su vez, invadiera a sus vecinos para hacer valer el citado Decreto. El asunto era realmente grave, pues el gobierno norteamericano había manifestado su apoyo a la iniciativa de Barrios, y estaba dispuesto a intervenir militarmente en la zona, por lo que se comprende que el asunto tenía un trasfondo imperialista.

De hecho, la guerra centroamericana comenzó y se produjo un primer enfrentamiento entre los ejércitos de Guatemala y Nicaragua, mismo que fue afortunado, pues entre las pocas bajas que se produjeron, estaba el Presidente Barrios, quien con imprudente valentía había marchado al frente de su ejército. Con ello se debilitó el gobierno guatemalteco, y con los oficios de diplomáticos mexicanos se logró la firma de un tratado de amistad entre Guatemala y Nicaragua, por lo que aparentemente el asunto quedó solucionado.

El nuevo Presidente de Guatemala, Manuel Lisandro Barillas, era favorable a esa solución; pero rápidamente fue derrocado por el general Estrada Cabrera, quien se manifestó partidario del proyecto de Barrios y hostil a la política mediadora de México. El Presidente derrocado, Barillas, se refugió en México, pero hasta la ciudad de México llegaron los sicarios enviados por Estrada Cabrera para asesinarlo, lo que ocurrió el 7 de abril de 1907. Capturados los asesinos, confesaron haber sido contratados por el ministro de Guerra guatemalteco, general José María Lima. El gobierno mexicano solicitó la extradición del general Lima con la finalidad de juzgarlo en México, lo que por supuesto fue negado por el dictador Estrada Cabrera, y en vez de ello, rompió relaciones diplomáticas con nuestro país y se declaró en Estado de Guerra, lo que resultaba extremadamente delicado, pues Estrada Cabrera era manejado por los norteamericanos; pero afortunadamente la situación permaneció en un estado de tensa calma hasta el derrocamiento del general Estrada Cabrera y el restablecimiento de las relaciones diplomáticas.

El último de los casos en los que intervino Porfirio Díaz en Centroamérica, fue el de la defensa del Presidente nacionalista de Nicaragua José Santos Zelaya, opuesto a la política expansionista de Estados Unidos. Para derrocarlo, los norteamericanos iniciaron un movimiento armado en Nicaragua, pero en una de las escaramuzas murieron dos norteamericanos que militaban en las filas rebeldes. El gobierno de los Estados Unidos culpó del "crimen" al propio Presidente Zelaya, y decidió aprehenderlo en su propio territorio para llevarlo a los Estados Unidos y someterlo a juicio. Rápidamente, la escuadra naval norteamericana se instaló frente a los puertos de Nicaragua y se preparaba la invasión; pero don Porfirio decidió auxiliar al Presidente Zelaya y envió al cañonero Guerrero para rescatar a Zelaya y traerlo a territorio mexicano. La operación era en extremo delicada, dada la presencia hostil de la flota norteamericana; de esto habla en sus memorias Federico Gamboa, quien en esos momentos era subsecretario de Relaciones:

El capitán de la nave mexicana llevaba un pliego sellado que no abriría, sino en el supuesto caso de la escuadra yanqui lo ataje a su salida de Corinto y le exija, con amenazas de vías de hecho, la entrega del Presidente de Nicaragua, refugiado político a bordo; y que en este caso, sin arriar la bandera, en formación armada la tripulación, y tocándose marcha de honor, taladre los fondos de su barco y lo hunda sin empeñar batalla.

Afortunadamente nada de eso ocurrió, y don José Santos Zelaya llegó salvo a México, lo que causó un gran resentimiento por parte de los norteamericanos, el enfriamiento de relaciones con el régimen de Díaz y probablemente una influencia favorable para su derrocamiento.

Además del asunto de Zelaya, las relaciones entre el gobierno de Estados Unidos y el de México se encontraban en permanente tensión a causa de una serie de incidentes que el gobierno de Díaz consideraba como atentatorios para la dignidad o la soberanía de México, como fue el caso de la iniciativa que el gobierno estatal de California enviara al Congreso norteamericano, en el sentido de que se presionara al gobierno de México para que éste accediera a "vender" el territorio de Baja California, con objeto de anexarlo al Estado norteamericano. El gobierno mexicano protestó airadamente por esa iniciativa, que de forma no parecía tener trascendencia, pero sí tenía un fuerte trasfondo político, y de hecho estaba relacionada con las maniobras en Centroamérica; de haberse producido la Guerra Centroamericana, probablemente la posición mexicana hubiese justificado una agresión directa por parte de los norteamericanos, y ese proyecto de "compraventa" se hubiera hecho realidad por vía de las armas.

Otro de los casos que atrajo la animadversión del gobierno estadounidense hacia Porfirio Díaz, fue la controversia territorial por "El Chamizal", una franja de terreno aledaña a la ciudad de El Paso, Texas, que había quedado del otro lado del fronterizo río Bravo cuando éste había cambiado de curso, por lo que ahora se consideraba parte del territorio norteamericano, aunque el antiguo curso del río lo definía como mexicano.

Tras largas y enojosas negociaciones, y sin llegar a ningún acuerdo, se propuso por ambas partes la necesidad de un arbitraje externo, y para ello se propuso al Rey de Italia, reconocido por su imparcialidad, y cuyo fallo sería inapelable.

El dictamen del monarca italiano fue favorable para México, pero, a pesar de los acuerdos, los Estados Unidos se negaron a aceptar el fallo, y así quedó el asunto, suspendido en la historia hasta 1964, en que dicho territorio fue devuelto a nuestro país.

Otro de los casos de conflicto con Porfirio Díaz fue el de "Tlahualillo", que, en opinión el historiador Francisco Bulnes fue *...uno de los negocios más inmundos tramados por la "política del dólar" para llenar su programa consistente en valerse del terror que la potencia militar de los Estados Unidos inspira a todos los débiles pueblos de América Latina para imponerles negocios sucios, verdaderos robos, en beneficio de individuos o compañías norteamericanas o extranjeras, siempre que éstas pagasen a los funcionarios corrompidos de los Estados Unidos, los crecidos honorarios correspondientes.*

Sucedió que un sindicato organizado en Londres, había hecho un préstamo sumamente oneroso a la compañía mexicana de Tlahualillo, apoderándose de la administración de dicha empresa durante el tiempo que fuera necesario para pagarse. Así las cosas, el secretario de Fomento, Olegario Molina, expidió, en 1908, algunas disposiciones relativas a la distribución de las aguas del Nazas, donde estaba enclavado Tlahualillo, y como aquéllas afectaban a esta empresa, según decían los abogados de la misma, el sindicato inglés exigió, entre otras cosas, la derogación de las leyes y reglamentos que para el caso se habían dictado; restablecimiento del reglamento de 1891, que favorecía a la empresa, y el pago de 11 millones de pesos por daños y perjuicios. El gobierno de Díaz se negó terminantemente a tales pretensiones, y manifestó a los demandantes que siguieran su trámite por la vía legal porque él, personalmente, no les podía conceder derecho alguno. En estas condiciones, el abogado de la empresa partió a Nueva York, para convertir una reclamación inglesa en norteamericana, con el agrado de muchos políticos de la Casa Blanca, que vieron en ello la oportunidad de presionar al gobierno de Díaz, manipulando a los tribunales norteamericanos y fallando a favor del mencionado sindicato, lo que no fue aceptado por don Porfirio quien, a su vez, promovió un juicio en tribunales mexicanos y, por supuesto, lo ganó, lo que disgustó a los políticos norteamericanos, quienes, según Bulnes: ...*fundaban sus pretensiones en que no convenía a nuestro gobierno disgustar al de Estados Unidos, y que el disgusto sería magno no aceptando la política del dólar, que entonces tenían el carácter de indiscutibles.*

Además de los casos mencionados, hubo muchos otros motivos de fricción, en especial disgustaba al gobierno norteamericano, la construcción del Ferrocarril Nacional de Tehuantepec, que restaría importancia al canal de Panamá. Este ferrocarril llegó a funcionar con gran éxito, corriendo hasta 60 trenes diarios, entre Salina Cruz y Puerto México, en ambos sentidos.

Otra situación de conflicto en los últimos tiempos de Díaz, fue su negativa a prorrogar el arrendamiento de Bahía Magdalena, donde la escuadra naval norteamericana tenía una base hacia el Pacífico. Esta actitud era considerada ofensiva, y casi un reto al poderío militar norteamericano.

Pero tal vez la fuente de mayor inquietud y disgusto de la Casa Blanca, fue la apertura de Díaz hacia Europa, especialmente hacia Francia e Inglaterra, dando prioridad de inversión a compañías de esos países en varios rubros, pero lo que tal vez les preocupaba en especial, eran las facilidades que el régimen daba a compañías europeas para la exploración y explotación petrolera, dado que el petróleo se había convertido en un insumo fundamental para la industria, y por ende para la guerra, de manera que en esos tiempos se

111

estaba definiendo el poderío bélico de cualquier nación por su capacidad de acceso al petróleo, por lo que el petróleo mexicano se volvió un asunto de "seguridad nacional" para los Estados Unidos

No había más remedio que propiciar el derrocamiento de Porfirio Díaz.

La imagen del dictador era honrada hasta en las cajetillas de cigarros.

Las condiciones de la Revolución

Como ya hemos dicho, el largo gobierno de Díaz había logrado un espejismo de progreso material, pero las grandes masas continuaban en un estado de lamentable pobreza en todo el país, y el sistema liberal difícilmente podía satisfacer la demanda fundamental, que era la generalización del bienestar, por lo que el descontento era ya muy sensible en todo el país; sin embargo, se trataba de un resignado sufrimiento que no encontraba los cauces para convertirse en protesta, pues las clases populares se encontraban al margen del juego político, cuya dialéctica era la tradicional pugna entre conservadores y liberales, lo que era un reflejo de lo que sucedía en Europa, pero ya entrando el siglo, ese reflejo tenía un tercer elemento que modificaba la política bipartidista, y era la nueva postura de "izquierda", representada por un conjunto amplio de propuestas filosóficas y de acción política, que iban desde el socialismo moderado hasta el radical anarquismo, pero con el denominador común de tomar el partido de las clases populares, valorando el desarrollo solamente en la medida en que tendiera al beneficio de las mayorías.

Así que, desde principios de siglo, comenzaron las manifestaciones de inconformidad, pero no ya como hechos aislados, sino de una manera estructurada, ya fuera en los grupos anarquistas, socialistas, comunistas, o en los llamados "clubes políticos", de tendencia moderada, pero eficaz, pues a esas organizaciones se podían integrar personas de clase media, sin que ello representara un fuerte compromiso político o la aceptación de un gran riesgo, pues ante el nacimiento de una oposición inédita en la historia de México, el régimen acentuaba su estilo represivo.

El amplio movimiento de los clubes políticos, culminó en la creación del "Partido Democrático", que se perfilaba como una opción inclinada a la nueva izquierda, moderada y aparentemente sin peligro. Pero de la promoción de actos cívicos de protesta, se fueron derivando de manera espontánea, las huelgas fabriles, como un arma de presión económica y política recién descubierta por los movimientos de la izquierda, y rápidamente asimilada por los trabajadores, que de esa manera asumían su propia fuerza; aunque también creaban las condiciones para que se pusiera en evidencia la fuerza represiva del gobierno de Díaz, cuya capacidad de ejercer la violencia contra el pueblo no se había manifestado con toda su crudeza, sino hasta que se enfrentó al naciente "poder popular".

Otro factor importante que hacía crecer el movimiento de cambio, era el nacimiento de una "oposición interna" en el gobierno de Díaz, lo que se manifestaba como el renacimiento de la política de facciones dentro del propio sistema, pero con diversas orientaciones, que, de cierta manera, reflejaban la tendencia de integrar en el modelo porfirista las demandas populares. Es por ello que en 1903, se produce una enconada lucha política con la finalidad de acceder a la vicepresidencia de la República, lo que resulta altamente significativo, pues representaba el reconocimiento tácito de que el caudillo se estaba debilitando en varios sentidos, por supuesto, uno de los elementos a considerar, era su salud y su edad, pero esto hubiera sido secundario si en esos momentos se hubiera manifestado hábil para manejar las condiciones que planteaba la nueva izquierda mexicana, ejerciendo la astucia y flexibilidad que lo había caracterizado en el pasado; pero en vez de ello, Porfirio Díaz se mostraba cada vez más inflexible, y aparentemente, no podía controlar a los funcionarios menores de su régimen, quienes, de iniciativa propia y por la inercia que había creado el sistema, eran capaces de cometer las peores atrocidades a nombre de su líder, por lo que la tensión aumentaba y un estallido de violencia generalizada era previsible.

Así que en la contienda por la vicepresidencia, se debatían las tendencias que pretendían asumir el poder sin necesidad de derrocar al Presidente, solamente "rebasarlo" políticamente y proceder a la remodelación del régimen, dejando a un lado los tradicionalistas conservadores que en estas condiciones ya estaban históricamente rebasados. Los únicos candidatos viables, eran los representantes de las tendencias vigentes, por un lado, el general Bernardo Reyes, quien contaba con la simpatía popular, por lo que muchos de los precursores de la Revolución lo apoyaban, considerándose representante del Partido Democrático; y por otro lado, se encontraba Ramón Corral, apoyado por el "Partido Científico", que obviamente era de tendencia liberal, pero reformista y no afín a los métodos actuales del porfiriato, por lo que no era del agrado de don Porfirio, quien apoyaba a un tercer candidato, totalmente de su confianza, que era Ignacio Mariscal, su ministro de Hacienda, quien tenía fama de honesto.

Pero una muestra de la real debilidad de Porfirio Díaz, es el hecho de que tuvo que retirar la candidatura de Ignacio Mariscal, pues los votos que le hubiesen sido otorgados a éste, iban en detrimento de los de Ramón Corral por ser ambos los candidatos más afines al sistema.

Finalmente, la vicepresidencia fue ganada por Ramón Corral, y aparentemente por los métodos no muy claros que eran tradicionales en la política mexicana. Lo que de inmediato causó una ola de protestas airadas y eficaces, si no para anular aquella elección, sí para unificar a los partidarios de la tendencia democrática o de izquierda, representada por Bernardo Reyes.

Tal vez el régimen se hubiera podido salvar, y la transición lograrse de una manera pacífica, si en ese momento se hubiera optado por Bernardo Reyes para la vicepresidencia; pero con los propios "científicos" al mando, se estimuló la protesta, y por ende, se recrudeció la represión, que fue el caldo de cultivo de todas las actitudes revolucionaria, que se justificaron con mayor firmeza en 1909, ante la reelección del propio Manuel Corral para un segundo periodo.

Otro fuerte golpe para el régimen, lo dio el propio don Porfirio, al declarar a un periodista norteamericano, que el país "ya estaba apto para la democracia", y que él "había resuelto separase del poder al finalizar su período constitucional".

De hecho, el porfiriato ya no dependía de la figura de don Porfirio, pues ahora era manejado por los "científicos", con el mismo modelo económico y político, de modo que su retiro no hubiera solucionado los problemas de fondo, por lo que el movimiento revolucionario, ahora con Madero a la cabeza, seguía, e incluso, se fortalecía ante la declaración de Díaz, pues se abría una puerta para el juego político que hiciera eco a las demandas populares.

Probablemente, esas condiciones eran suficientes para propiciar un cambio radical de gobierno, pero lo que resultó particularmente favorable, fue el clima de tensión que ya se estaba viviendo en Europa y la previsión de la guerra, por lo que, como ya hemos dicho, los Estados Unidos tenían que asegurarse el control del petróleo mexicano, lo que podía dificultarse con el régimen de Díaz, o de los científicos en el poder, por lo que los norteamericanos prefirieron dar su apoyo a Francisco I. Madero para liberarse de un vecino que ya se había vuelto incómodo, y establecer nuevas relaciones que fuesen favorables a sus intereses.

Todos estos factores fueron condicionantes de un cambio de gobierno, pero no propiamente de una Revolución; lo que realmente determinó el carácter revolucionario del movimiento social mexicano fue la actitud del pueblo, de los obreros y campesinos, de las grandes masas que, por primera vez en la historia, rebasaron todo esquema político preconcebido y se lanzaron a "la bola", hacia algo que no era definible en los planes de los partidos y las organizaciones políticas, pero que era la expresión de una nueva sensibilidad social que habría de marcar un cambio auténticamente revolucionario no sólo en México, sino en el mundo.

La caída y el exilio

os meses después de las fiestas de celebración del Centenario de la Independencia de México, estalló la Revolución, con Francisco I. Madero al frente. Porfirio Díaz hubiese podido repeler la sublevación durante un tiempo indefinible, pero seguramente largo, pues tenía los recursos financieros y militares para ello; sin embargo, prefirió evitar un baño de sangre sobre México, y presentó su renuncia ante la Cámara de Diputados en los siguientes términos:

Señores: El pueblo mexicano, ese pueblo que tan generosamente me ha colmado de honores, que me proclamó su caudillo durante la guerra internacional, que me secundó patrióticamente en todas las obras emprendidas para robustecer la industria y el comercio de la República, fundar su crédito, rodearla de respeto internacional y darle puesto decoroso entre las naciones amigas; ese pueblo, señores diputados, se ha insurreccionado en bandas numerosas armadas, manifestando que mi presencia en el ejercicio del Supremo Poder Ejecutivo es la causa de su insurrección.

No conozco hecho alguno imputable a mí que motivara ese fenómeno social; pero permitiendo, sin conceder, que puedo ser un culpable inconsciente, esa posibilidad hace de mí la persona menos a propósito para raciocinar y decidir sobre mi propia culpabilidad.

En tal concepto, respetando como siempre, he respetado la voluntad de el pueblo, y de conformidad con el artículo 82 de la Constitución Federal, vengo ante la suprema representación

de la Nación, a dimitir sin reserva al encargo de Presidente Consti-
tucional de la República con que me honró el voto nacional; y lo
hago con tanta más razón cuanto que, para retenerlo, sería necesa-
rio seguir derramando sangre mexicana, abatiendo el crédito de la
Nación, derrochando su riqueza, segando sus fuentes y exponiendo
su política a conflictos internacionales.

Espero, señores diputados, que calmadas las pasiones que acom-
pañan a toda Revolución, un estudio más conciezudo y comprobado
haga surgir en la conciencia nacional un juicio correcto que me
permita morir llevando en el fondo de mi alma, una justa corres-
pondencia de la estimación que en toda mi vida he consagrado y
consagraré a mis ciudadanos.

Mayo 25 de 1911.
Porfirio Díaz

Ese mismo día se preparó para el exilio, y después de
medianoche abandonó la ciudad en compañía de su esposa,

La imagen de Porfirio Díaz en la cajetillas de cigarros tan popular en
otros tiempos, iba a ser reemplazada por la de Madero y otros héroes.

sus hijos y sus más allegados familiares y amigos, escoltados por una guardia al mando del general Victoriano Huerta. Al día siguiente llegó a Veracruz donde se embarcó en el vapor *Ipiranga,* que lo llevaría a Francia.

Apenas instalado en París, fue entrevistado por un redactor de *Le Matin,* y entonces expresó lo siguiente:

...En este ocaso de mi vida, sólo un deseo me queda: la dicha de mi país y la dicha de los míos.

...Sincera y vivamente anhelo que el gobierno que ha sucedido al mío, salga avante en todos los proyectos de afianzar la calma en el interior y mantener el crédito en el exterior.

...Mi vida política ha concluido: se acaba a mis ochenta y un años.

...Por causas que expuse al Parlamento Mexicano, tomé la resolución de renunciar a mis funciones. Por causas que no me explico, importantes grupos de ciudadanos se levantaron contra mi administración; y a fin de evitar que mis compatriotas se maten entre sí, y de evitar una intervención extranjera, me dije que si la lucha podría desaparecer gracias a mi partida, partía yo, voluntariamente, para dejar a la nueva administración toda su libertad de acción, a fin de que mi presencia en manera alguna la perturbara. Voluntariamente he abandonado mi país.

...Sólo un acontecimiento podría decidirme a reanudar una vida activa: que mi país se viera amenazado por el extranjero. En ese caso, pero en ese caso únicamente, actuaría yo como un simple ciudadano y como soldado mexicano.

...No creo en ese peligro.

...Deseo que, con prudencia y sabiduría, los gobernantes nuevos logren hacer a un lado todos los sucesos graves, lo mismo dentro que fuera.

...A este propósito, ruego a usted (refiriéndose al periodista) que desmienta la especie que se me atribuye, de que yo había dicho que los Estados Unidos ministraron fondos para fomentar la revolución en México. Nunca dije cosa semejante. Yo solamente hablo de lo que sé a ciencia cierta y de lo que he visto con mis ojos.

121

...Breves son los días que me restan de vida, y deseo consagrarlos nada más a mi familia.

...En Francia permaneceré algún tiempo. Aunque es éste mi primer viaje a Europa, algo conocía yo de Francia por haber conocido primero a sus ejércitos. Cuando Napoleón envió sus tropas a México en beneficio de Maximiliano, me opuse a la intervención extranjera, y fui prisionero de los oficiales de ustedes. A su merced durante nueve meses, puedo declarar con toda franqueza, que en tan largo plazo no fui en realidad jamás un prisionero suyo, sino constantemente su amigo. Y he conservado esa amistad. Después se retiraron de México, y cuando se me eligió Presidente de la República, recibí felicitaciones de cuantos me conocieron. En aquella época, ¡hace 45 años!, era yo lo que hoy: un adversario apasionado de cualquier tentativa de intervención extranjera. Era yo republicano y patriota. Lo fui entonces, lo soy ahora, y lo seré por todo el resto de mi vida.

...Cuanto de bueno había dentro de mí, en inteligencia, actividad y trabajo, se lo di a mi país. Durante 30 años he dirigido los destinos de México, movido de una sola idea y de un solo deseo: procurarle con todas mis facultades morales y físicas el mayor bienestar posible.

...Hoy, ése es también mi único anhelo, y habrá de ser, mañana, mi único pensamiento.

Pero en sus últimos días, ya su pensamiento no giraba en torno de la política, según refiere el historiador Martín Luis Guzmán, sino que volaba hacia su hacienda La Noria... ¡Cómo le gustaría volver, decía, a la tierra que lo vio nacer, y descansar y morir en su histórico ranchito!

Pero ya no podría satisfacer ese deseo (refiere Guzmán), a media mañana del 2 de junio de 1915, la palabra se le fue acabando. Perdió el conocimiento a las seis. A las seis y media murió...

Porfirio Díaz había fallecido lejos de su amado México.

TÍTULOS DE ESTA COLECCIÓN